Le

bruit

des

plis

Rudi Meyer · Marc Thébault

The Onslaught Press

Saint-Germain-en-Laye

Février 2020

Le bruit des plis

Rudi Meyer • Marc Thébault

L'une l'avait averti ● toute forme d'attachement conduirait à sa perte ● dans l'infinie béance

qu'ouvrait ce bien entendu, il franchit le portillon d'accès aux dessertes incertaines ● le flux

de la foule scellait les grondements des forces qui unissent en toute innocence et séparent

tout en pure violence ● ● ●

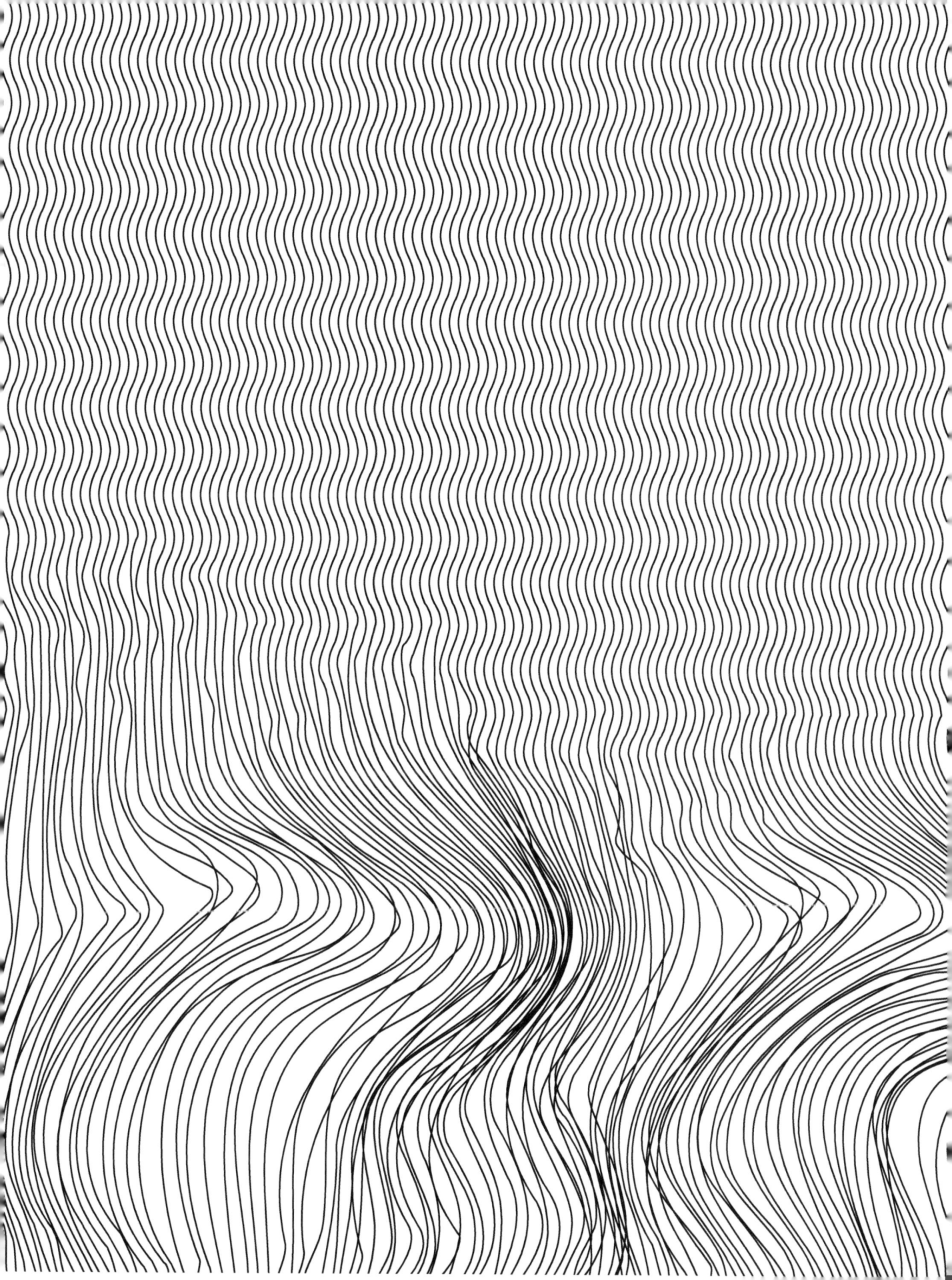

La cause s'était glissée depuis un premier jour dont la date fut perdue ● au commencement,

juste une sourde prière, mais le vœu s'était exaucé ● dans les mouvements du pendule et

plissements des yeux, les heures se distendaient, les distances se contractaient ● l'âme prît

froid sous le joug du silence ● ● ●

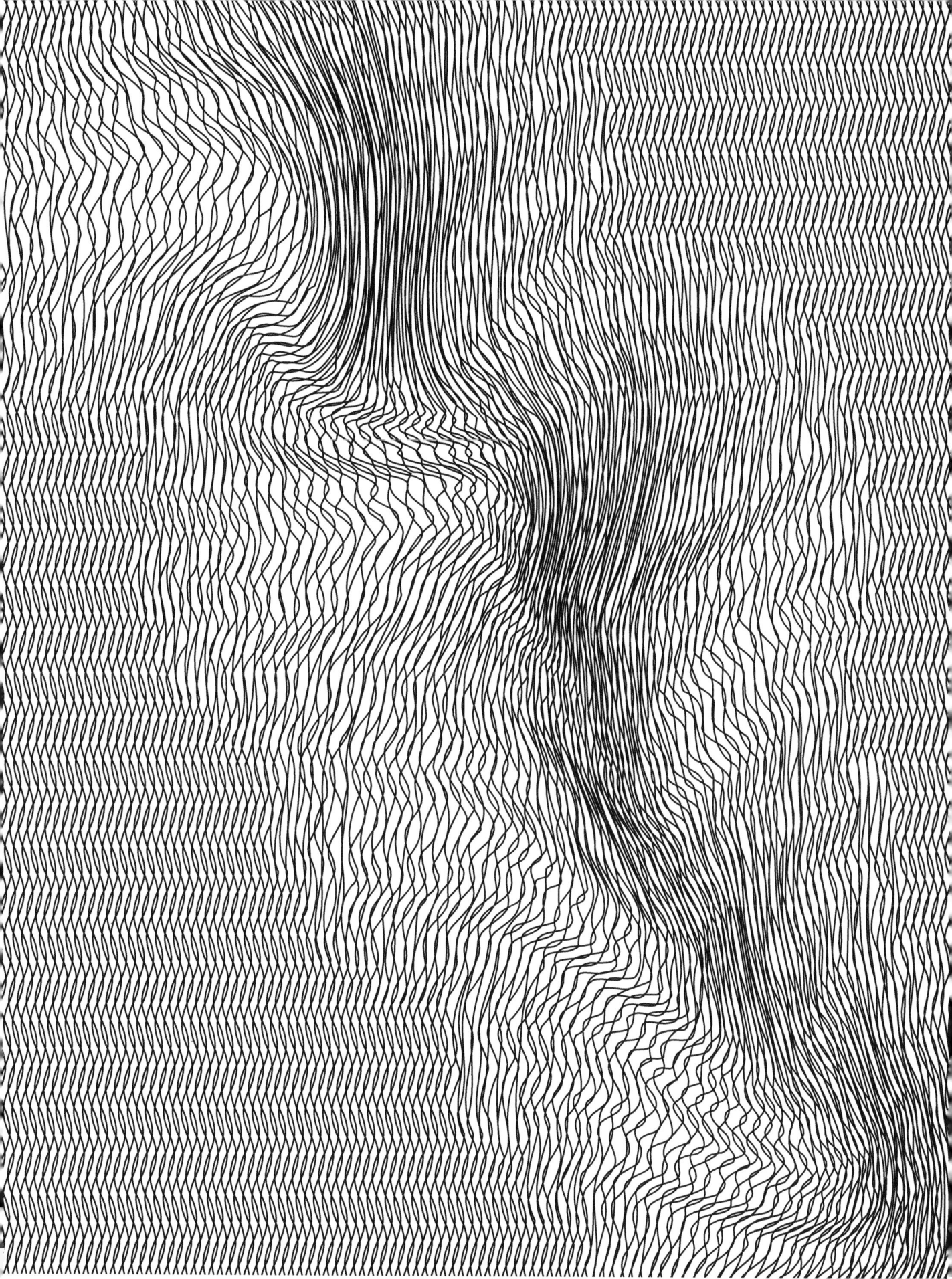

3

La flèche du temps ciselait la glaise du passé de multiples arabesques ● une chape de

tristesse lui servait de manteau ● les jours à venir seront ceux redoutés des icônes disparues

et paroles dispersées ● les trajets de futurs voyages seront à repriser à la pointe du compas ●

l'un devait l'attendre dans son assise de cordage ● à l'angle du bastingage, la flamme d'une

lampe-tempête brillait ● ● ●

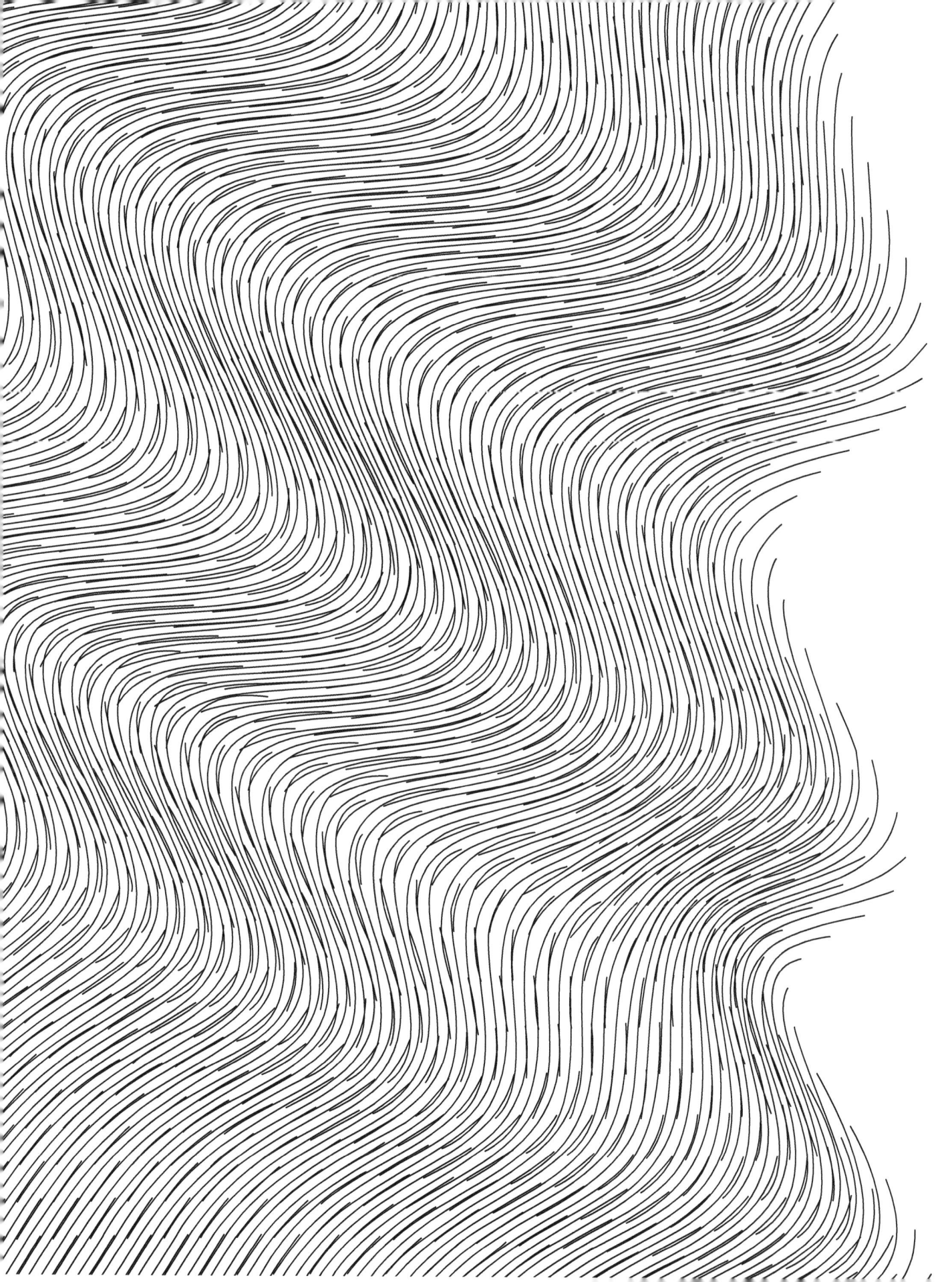

Une lueur irradiait le fond de sa poche ● il caressa la double courbe du maillegwal ● l'un le

remarqua et salua son retour à bord ● il lui demanda des nouvelles des oiseaux de passage ●

revenu pour effacer les ors et raviver les pourpres, métaphores et métamorphoses se divisaient

aux sons du claquement des drisses ● sous les membrures de la coque se dessinaient, entre-

lacées, les ocelles des désirs à défroisser ● ● ●

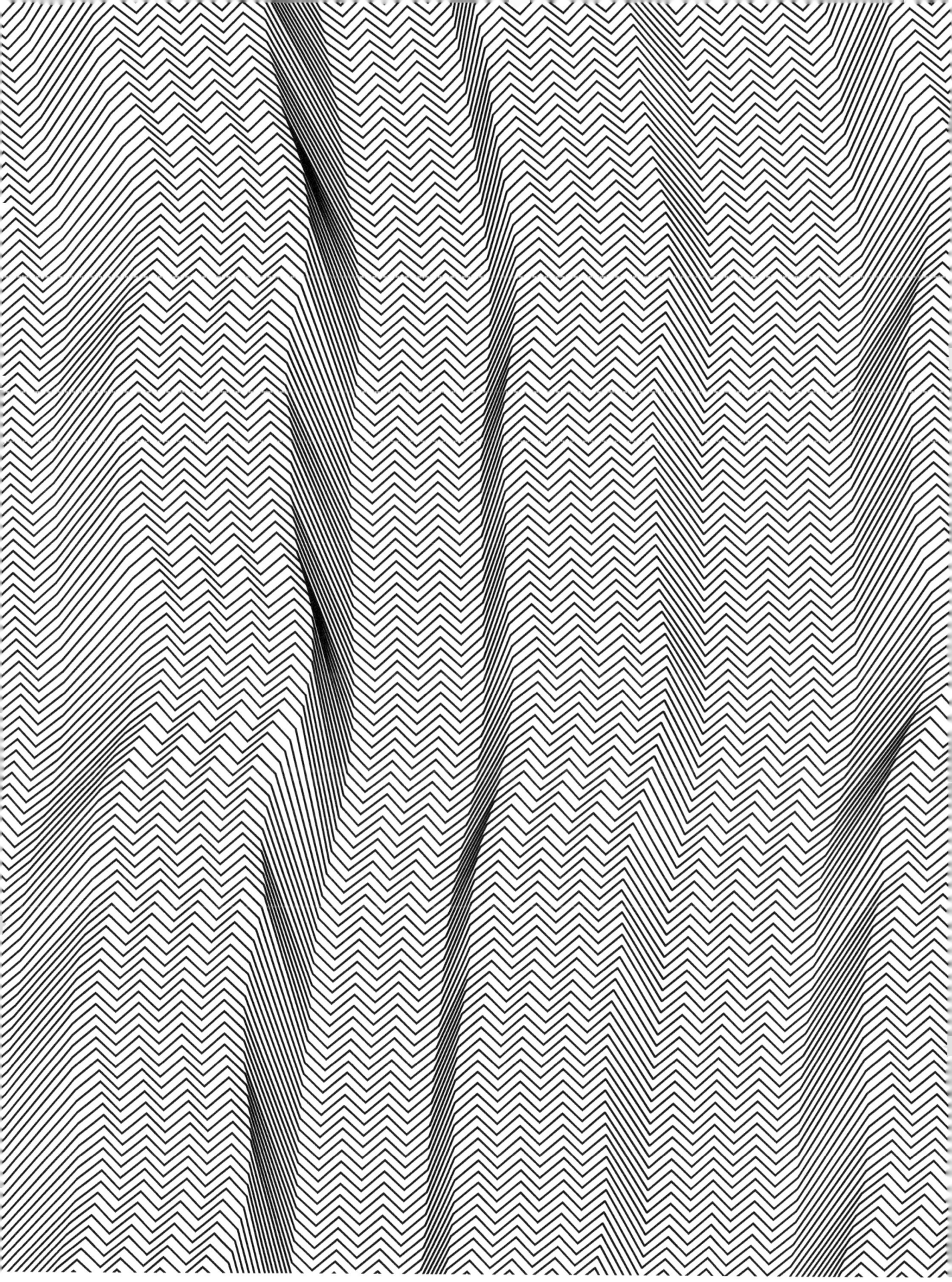

5

Un fil pendait au revers de sa veste • surtout ne pas le retirer, de peur qu'il ne libère l'exclave

de la presqu'île d'un pays oublié • il se souvint de leur première rencontre à la croisée des

routes en haut du bassin d'accostage • mesurer c'est mentir, lui avait-il confié • je viens de

lointaines contrées mais resterai sentinelle • l'un prit place sur le pont supérieur, noua les

cordes de son couchage et seul et sans âge se fit seuil ou détroit de l'il à l'une • • •

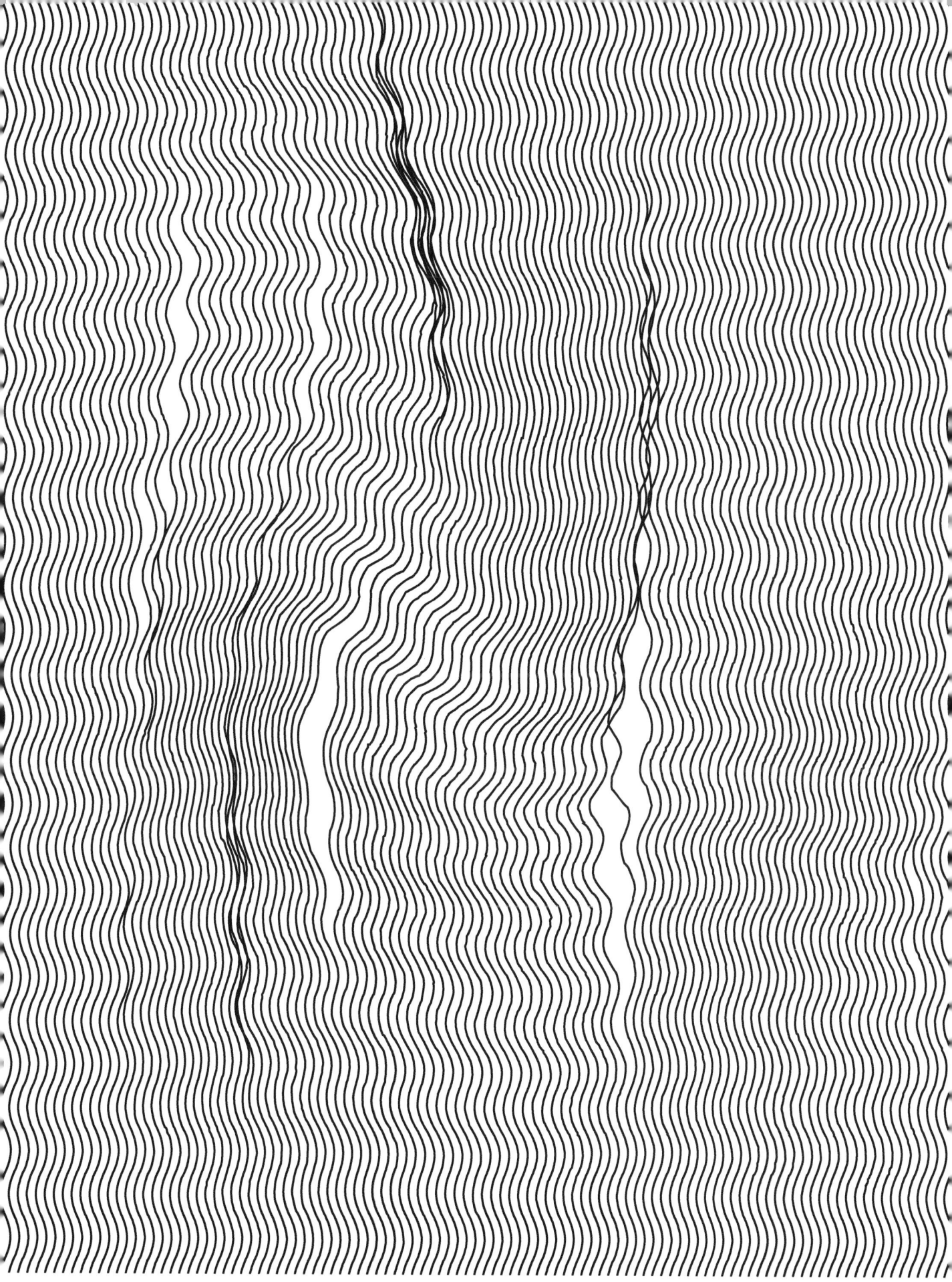

Il voulut rejoindre la table des cartes ● la constellation des valeurs chiffrées affichait une

topographie sans parallèle ou méridien ● théodolite en main, aucun des points ne se

superposait ● les plis seront à épeler en alphabets discrets et à tendre au cordeau pour

tailler un rocher, derrière lequel il fera bon se cacher ● à l'abri de cette paroi, le doigt lissera

les fissures, effleurera la possibilité d'un trait, en proposera l'occurrence ● ● ●

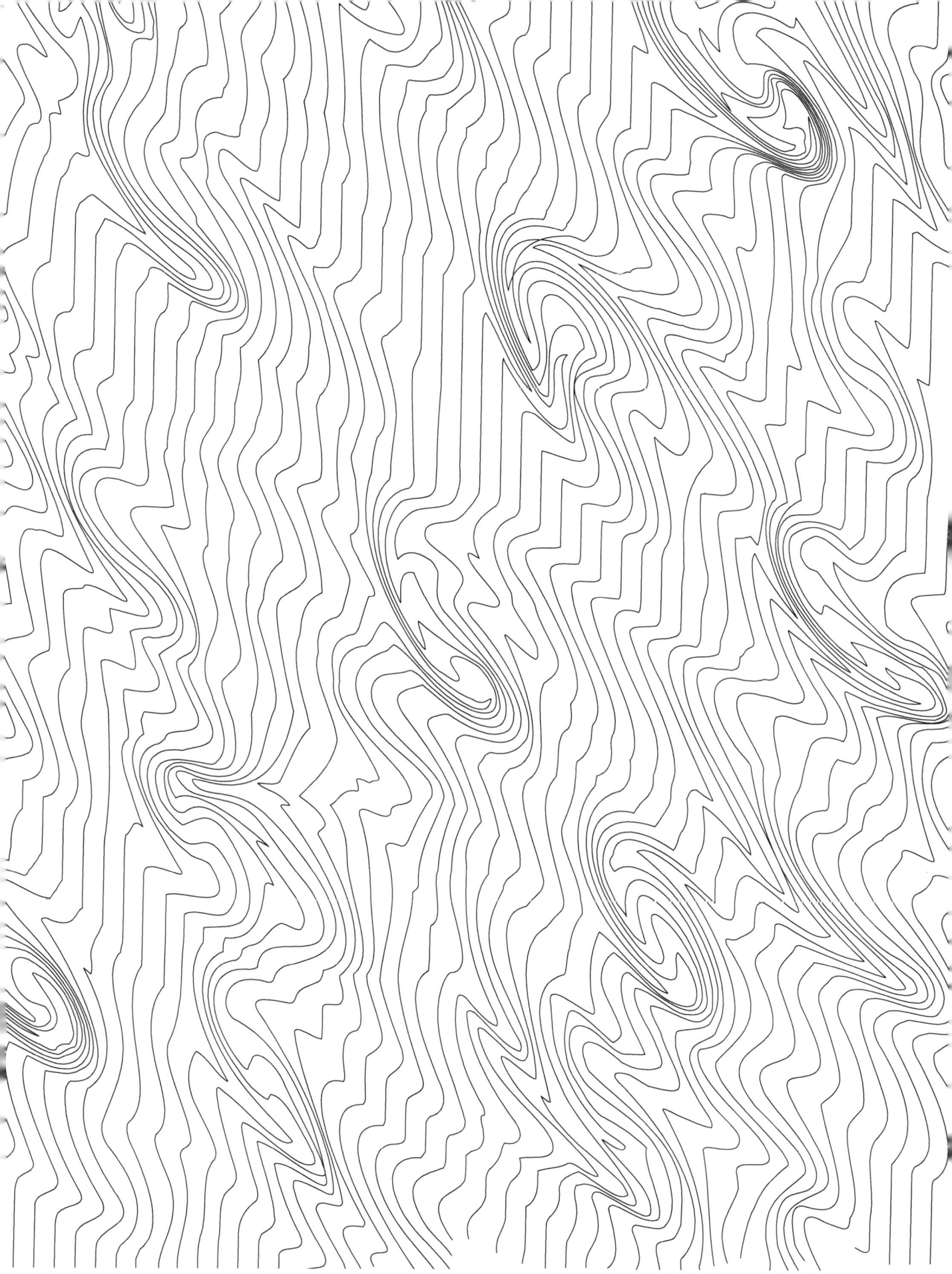

Sous le ciel de l'attente nulles grandeurs communes, mais des pensées plurielles ● un pierrot

sur la lune étarquait des falaises de marbre pentélique ● le chant d'une l'alouette célébra les

plaisirs de la fête et les accords d'une première fois ● dans un autre à côté, les divinations

de l'augure présageaient de possibles merveilles et probables désastres ● ● ●

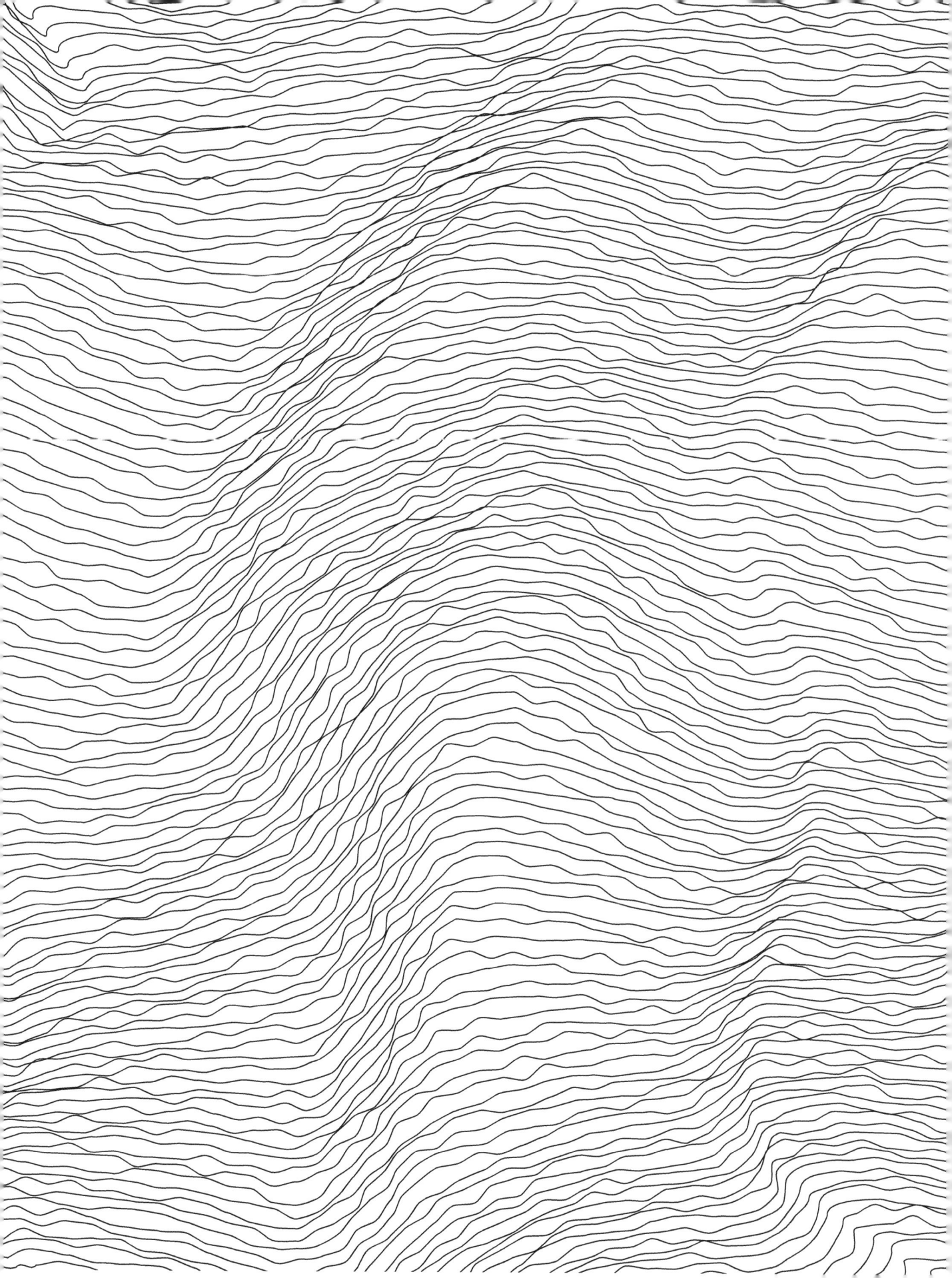

Mielles et charrières filtraient les timbres de la monodie d'une antienne ● un canot fut mis à

l'eau ● il navigua sur l'étendue des paysages à nu ● tout en paquet de demi-teintes, quelques

traces d'horizon se faufilaient entre les grains de sable soulevés des profondeurs instables et

squelettes de craie ● sur une plage de rouille une mouette riait ● ● ●

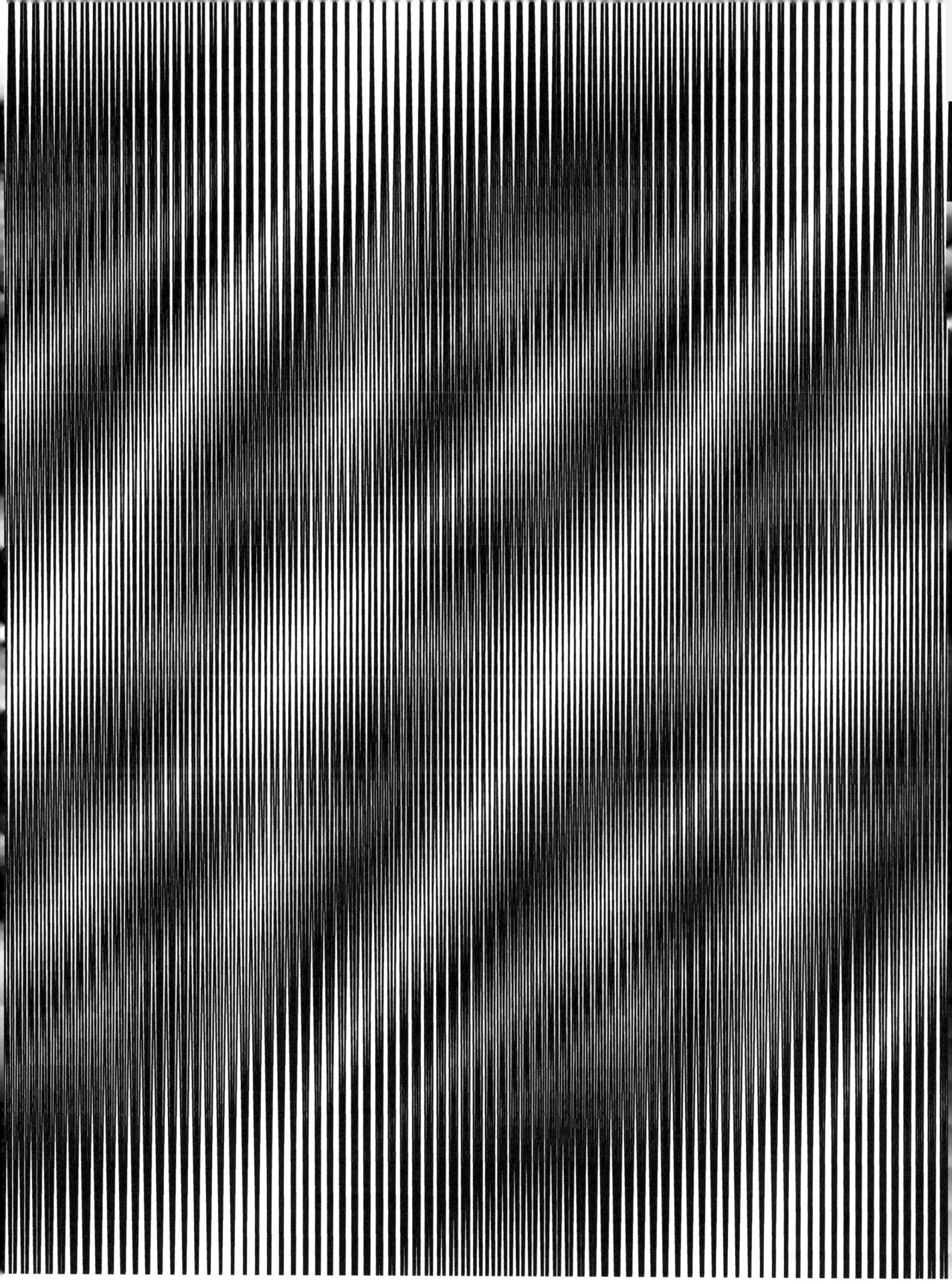

Il préleva quelques poignées d'écume, les dispersa en pluie et s'engagea sur le chemin de

contrebande pour rejoindre la lande ● au gré des forces du vent, les genêts se couchaient

pour couvrir la terre d'étoupes de poussière ● Sirocco et noroît la vouaient au chaud, au froid,

aux tourbillons de Descartes, aux figures du désordre ● il devait se soumettre au tremblement

des heures à hauteur des bruyères ● ● ●

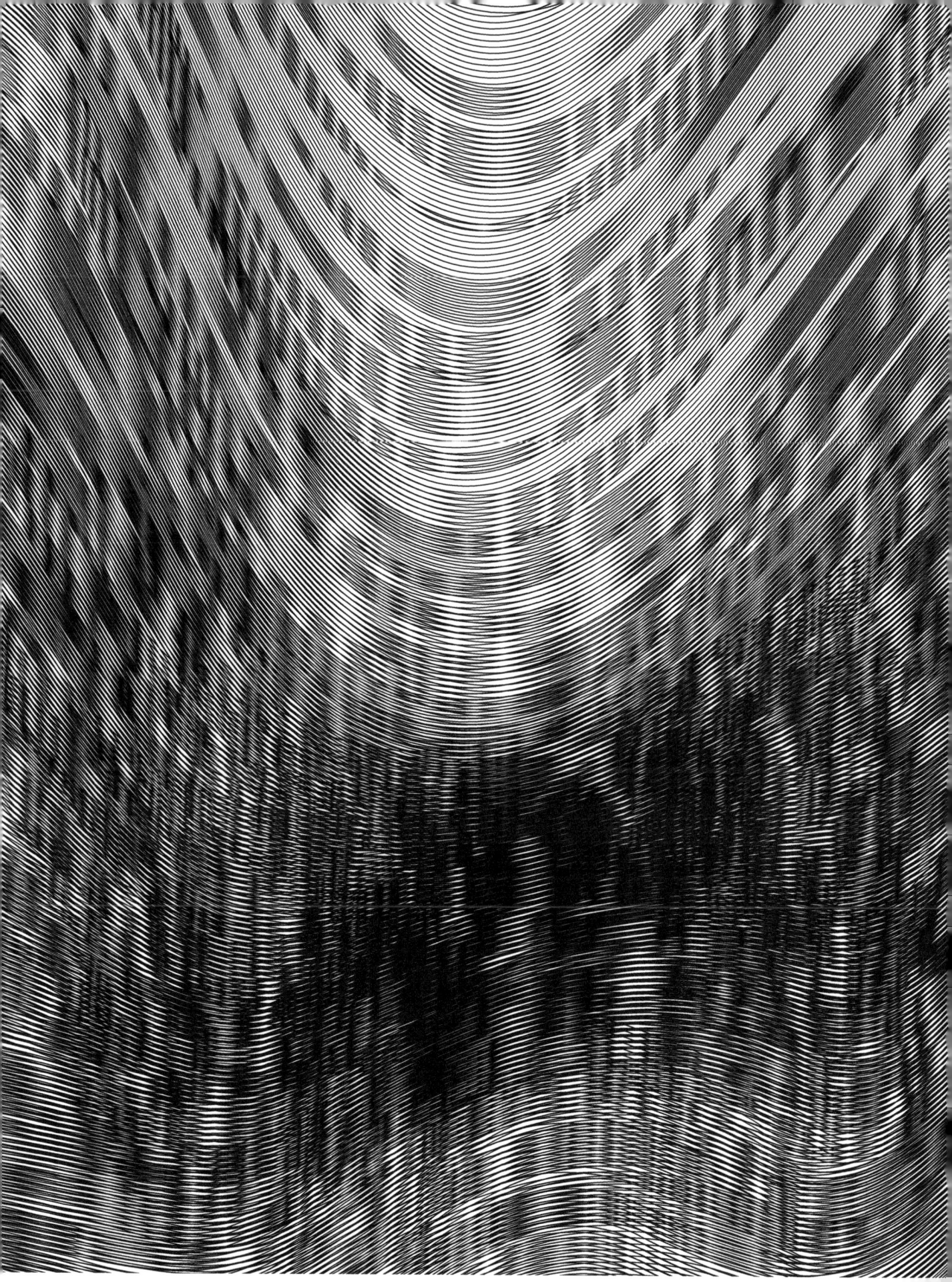

Dans la brume vibraient le littoral indenté et la silhouette de l'if contre lequel il s'adossa ●

l'un écoutait la mélodie des feuilles et de l'océan les pleurs ● en contrebas, la houle mugissait

en couronnes de buée ● mais rien ne suffit à amortir l'écho d'une voix qui courait sur le

sentier que les douaniers avaient abandonné ● ● ●

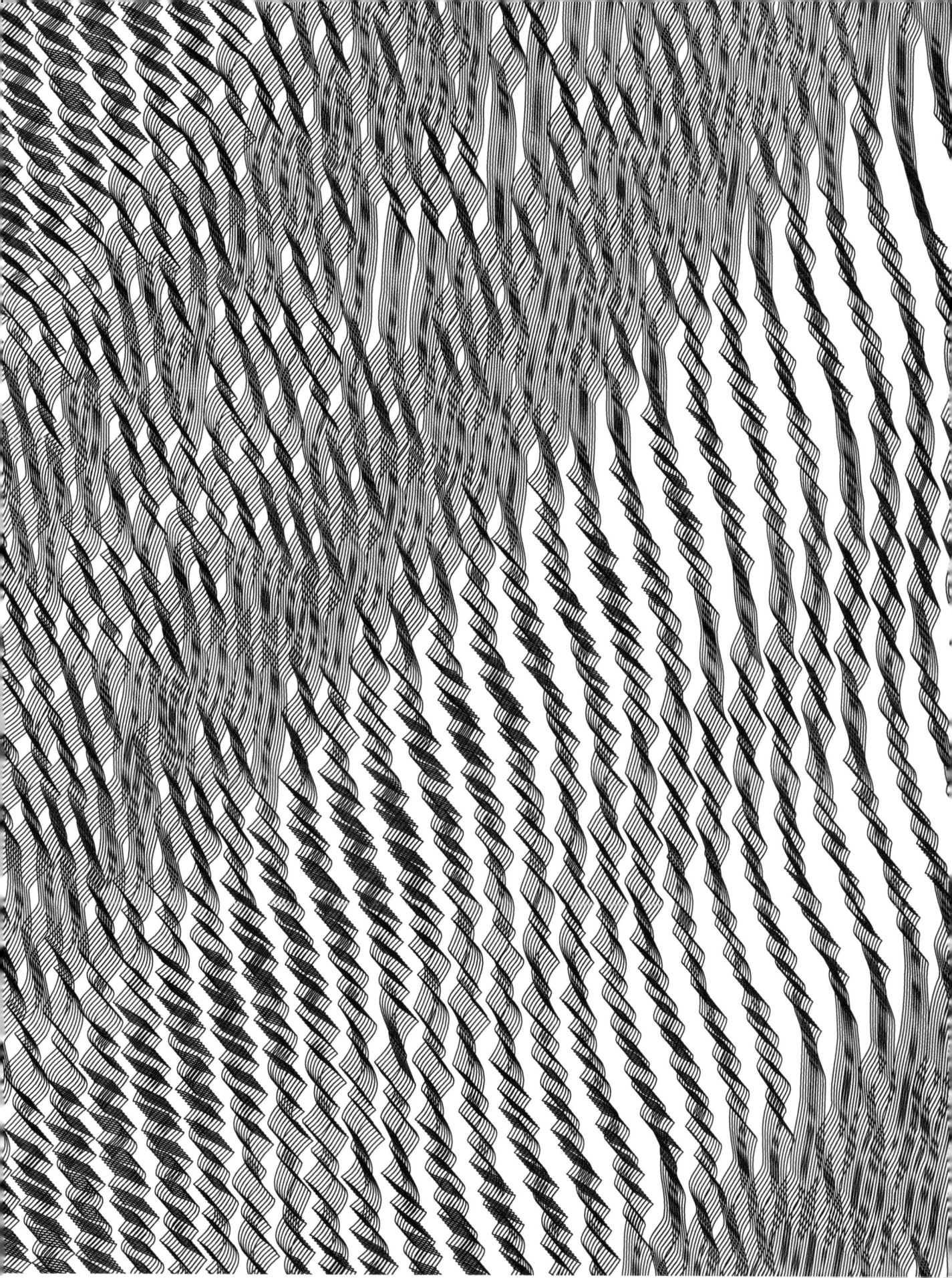

Les promontoires avaient cédé aux assauts du peuple des vagues ● des esquilles de quartz

brillaient tout en saccade et maquillaient les pierres ● le passage se fit étroit ● l'effondrement

des écores faisait du raidillon un jardin de rocailles ● de glissades en appuis retrouvés, les

lignes de ses mains se teintèrent de ce rouge qui comble blessures et entailles ● ● ●

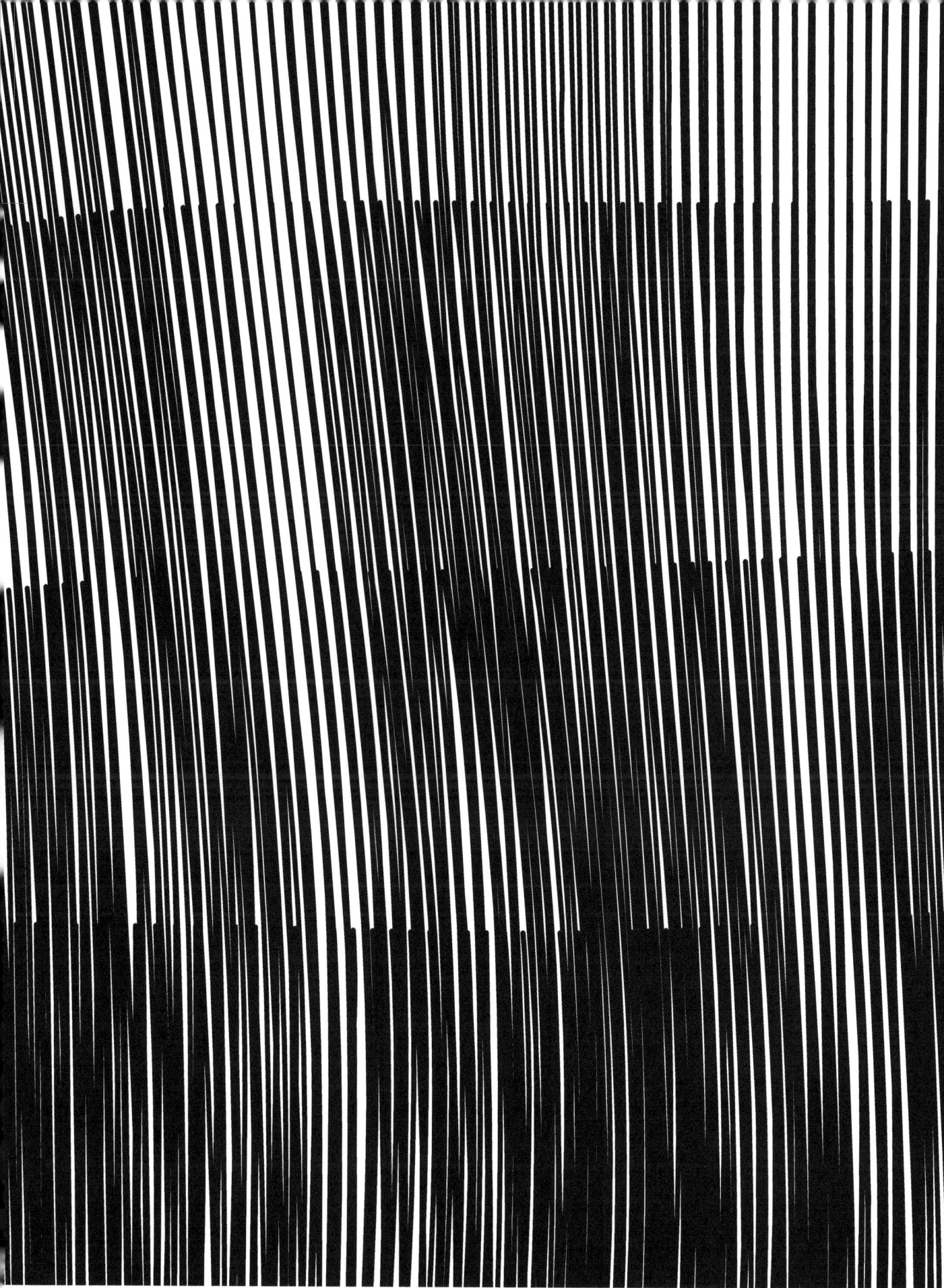

Des filets de chanvre jonchaient la grève ● dans ces jeux de peu d'elle, le vent renversait les

rêves enivrants des rives apaisées ● l'eau des fins de basses marées s'étirait à ses pieds en

un sillon de lèvres blêmes aux commissures imparfaites ● le goût du sel lui revint en bouche

comme un rappel de triste baptême ● ● ●

L'encoche d'un ria éloignait les falaises ● il lança le maillegwal à l'endroit où un bras de rivière

se jetait à la mer ● l'une remontait méandres et chaos pour tenter de renverser les soifs et

rejoindre les sources ● l'un chuta du haut d'un Eden d'antan et se saisit de l'objet comme d'un

poisson de passage ● azur pur et douces caresses rebondirent mille fois pour former le bâti

de trop de liens défaits ● ● ●

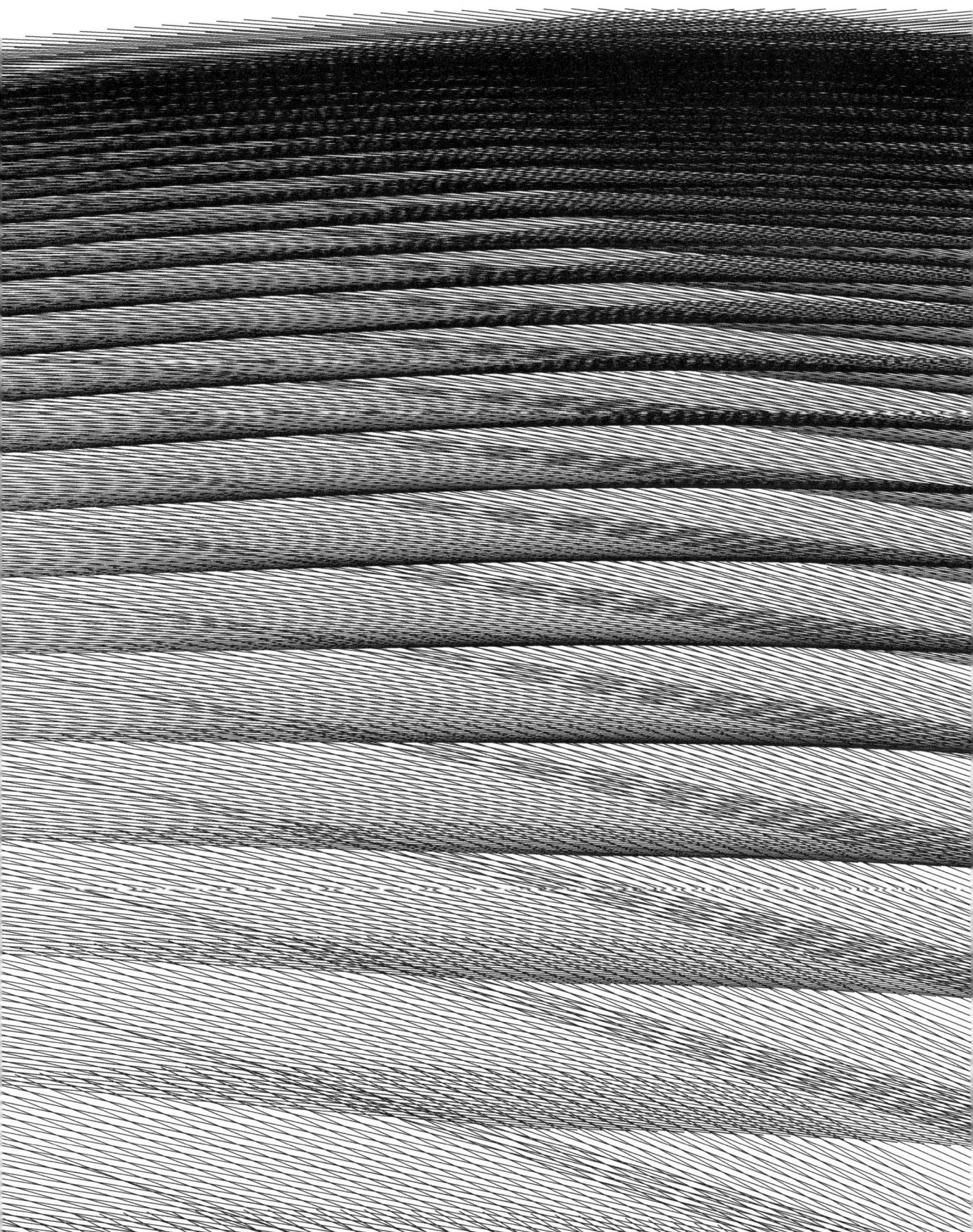

Du fond de la ravine et des mondes enfouis, le torrent laissait à découvert les roches en

chapelet ● son cours emportait les songes ordinaires et les colliers de perles que l'une portait

pour parfaire les cercles de secrètes histoires ● une branche s'accrocha au galbe d'un galet

sous lequel miroitait l'objet qui s'y tenait couché ● ● ●

En surplomb des parois d'où bruissent les sombres, s'élevait une forêt en modelés sépia ● il

devait s'extirper des entrailles minérales et rallier les broussailles depuis l'encre sienne de ce

sous-bois ● en lisière, une futaie interdisait l'accès aux danses des ocres et farandoles des

bruns ● ● ●

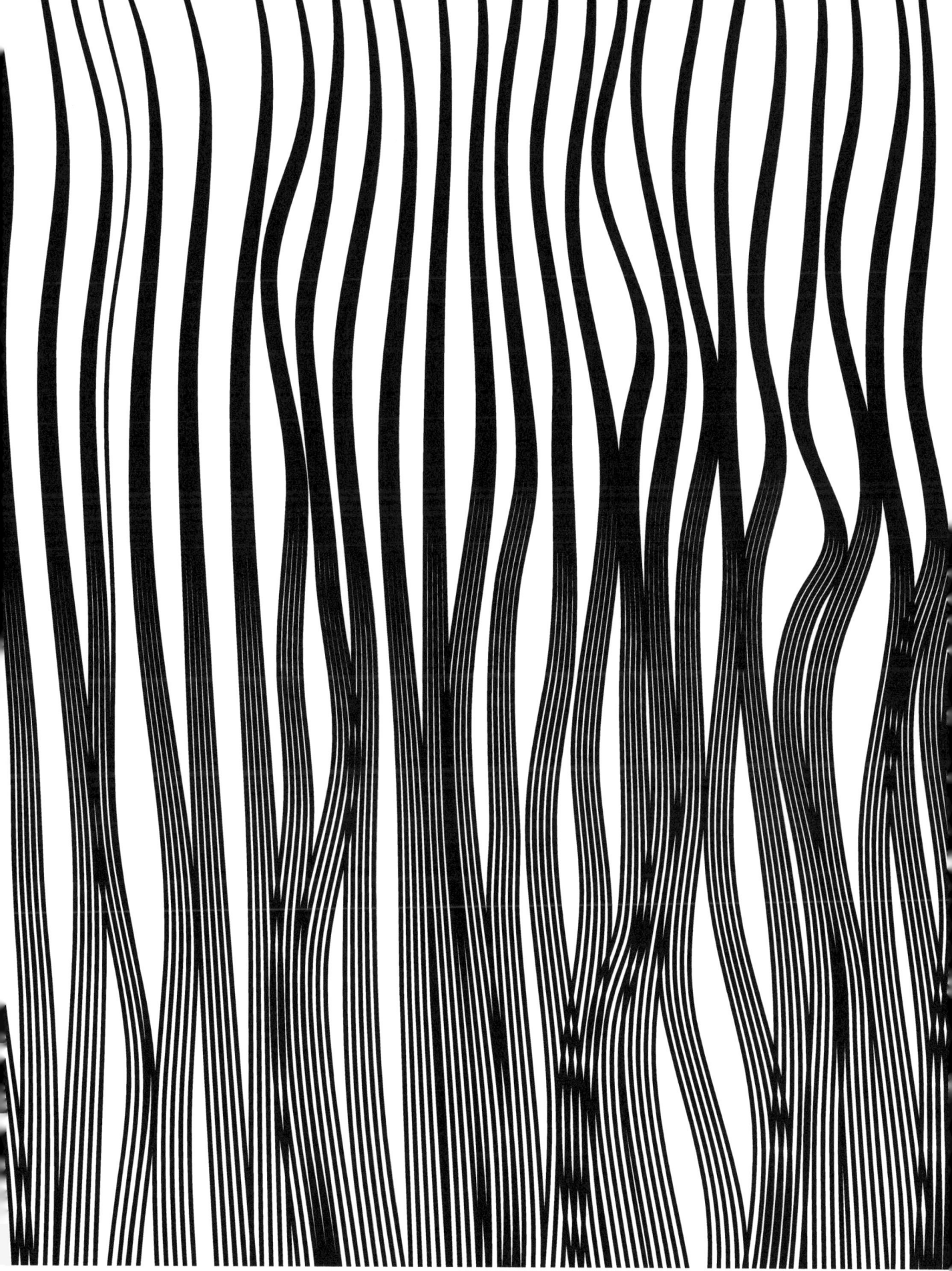

Il évita parterres d'ombellifères et fougères rebelles ● fruits et baies sauvages somnolaient

à l'abri des arbustes épineux ● toutes parées d'orange, des grappes de gouet maculaient les

taillis de l'effroi ● en ces dessous de langues, sucres et acides moiraient la honte des en soi

et des récits qui se rétractent ● ● ●

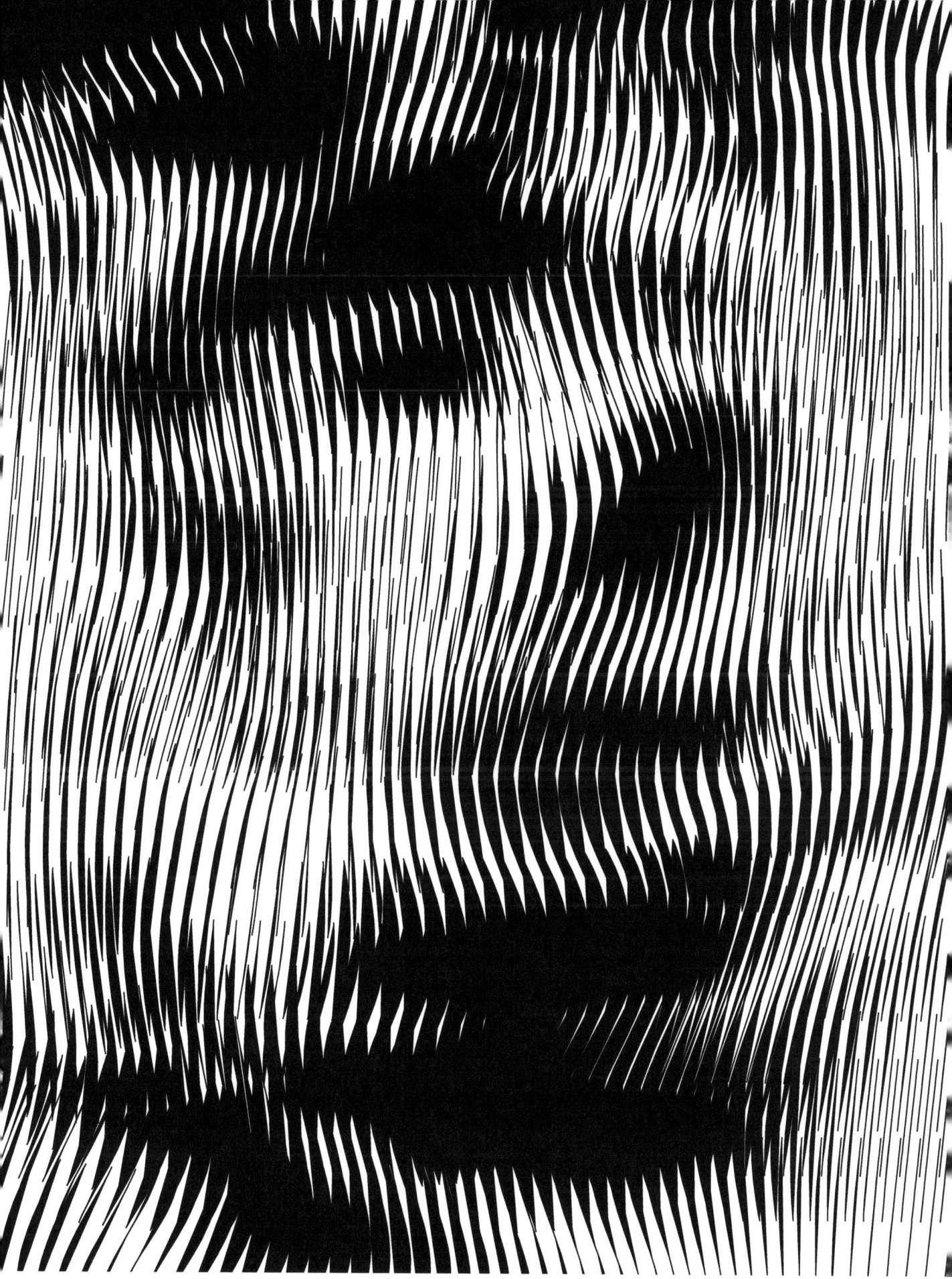

La forêt s'était endormie sous un firmament de comètes ● combien de fois, aux épouvantes,

se substitua trop de ～ sans toi... j'ai un peu froid ～ ● de saison en saison, canopée et

muettes frondaisons se vêtirent d'oisillons et de tendres bourgeons ● le cri d'un geai déchira

les parois à claire-voie de ce printemps naissant ● ● ●

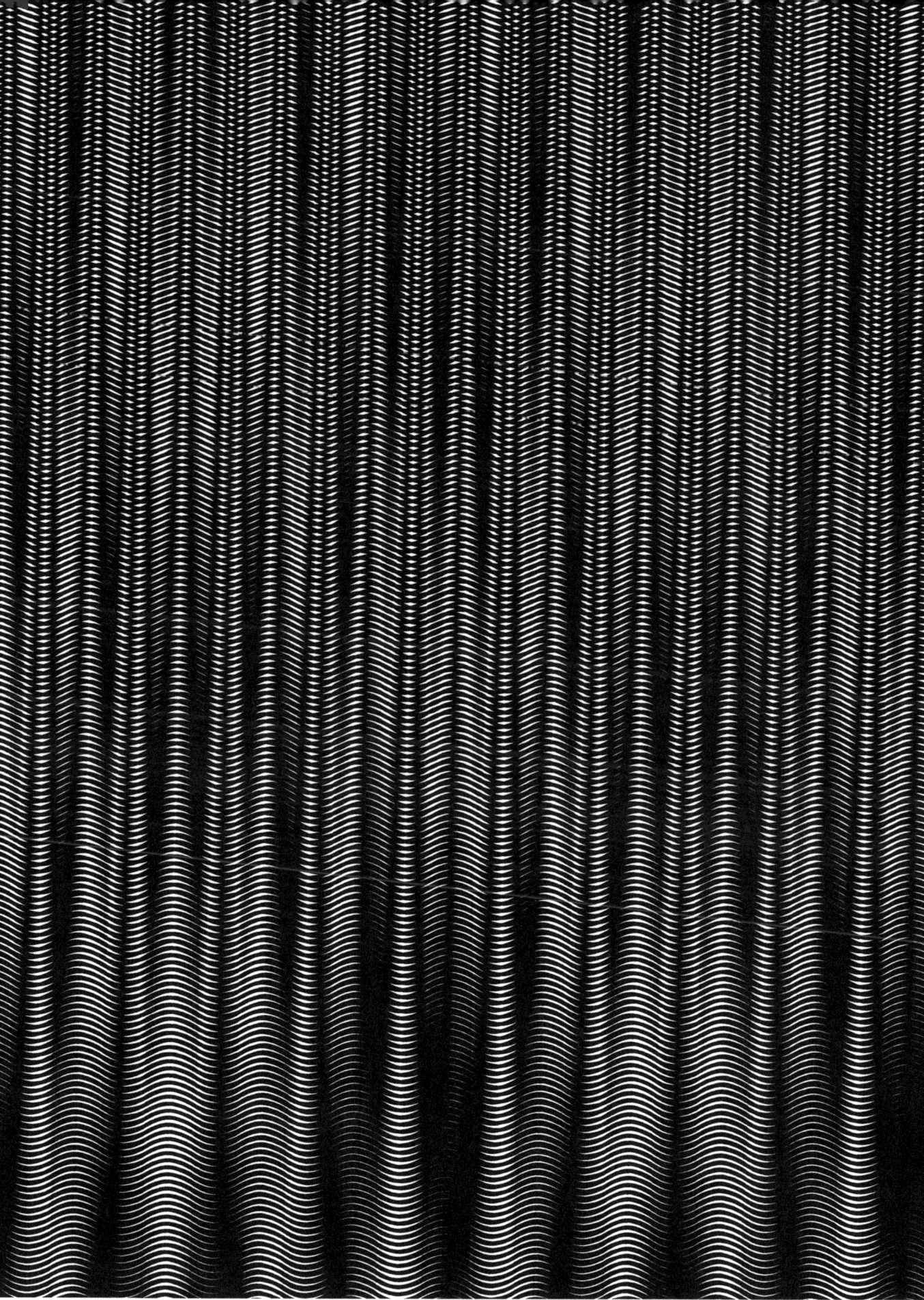

Les ornières se chargèrent de l'effluve des humus d'alentour ● l'un siffla une fin de partie où

l'une ne serait que souches qui se feraient trébuchets ● des charmilles, sorcières et druides

dissidents se tenaient à l'écart ● il tituba en cette danse où talus et fourrés se faisaient

cavaliers de ses moments d'errance ● ● ●

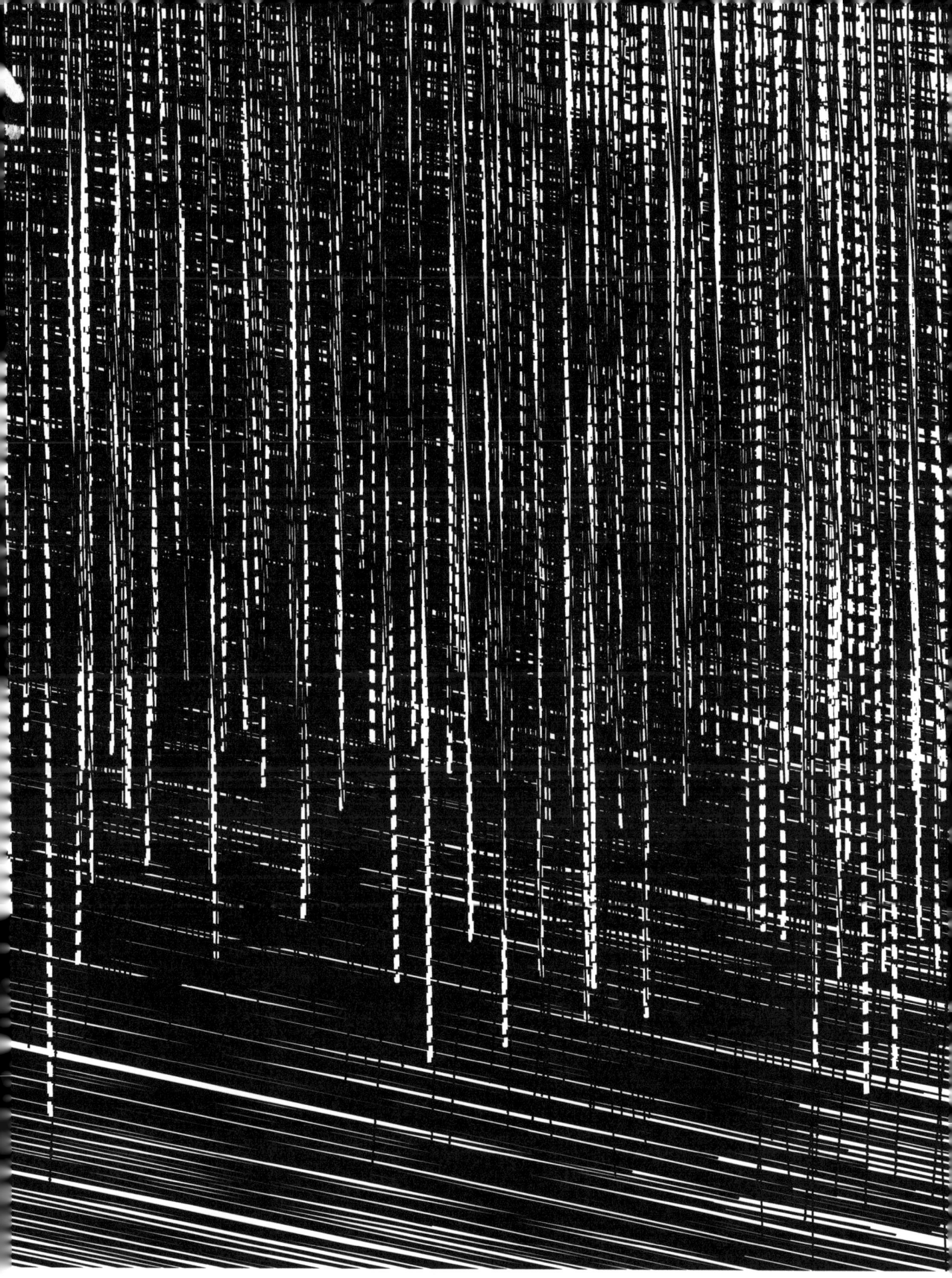

De grands arbres plongeaient leurs racines au plus profond des anciennes légendes ● cadrans

cuivrés et cristaux outremer invitaient à la vigilance ● gnomes et korrigans s'évanouirent entre

les troncs des hêtres et des charmes ● une dame blanche s'amusait des amants insolents qui

désiraient flirter en toute impunité ● ● ●

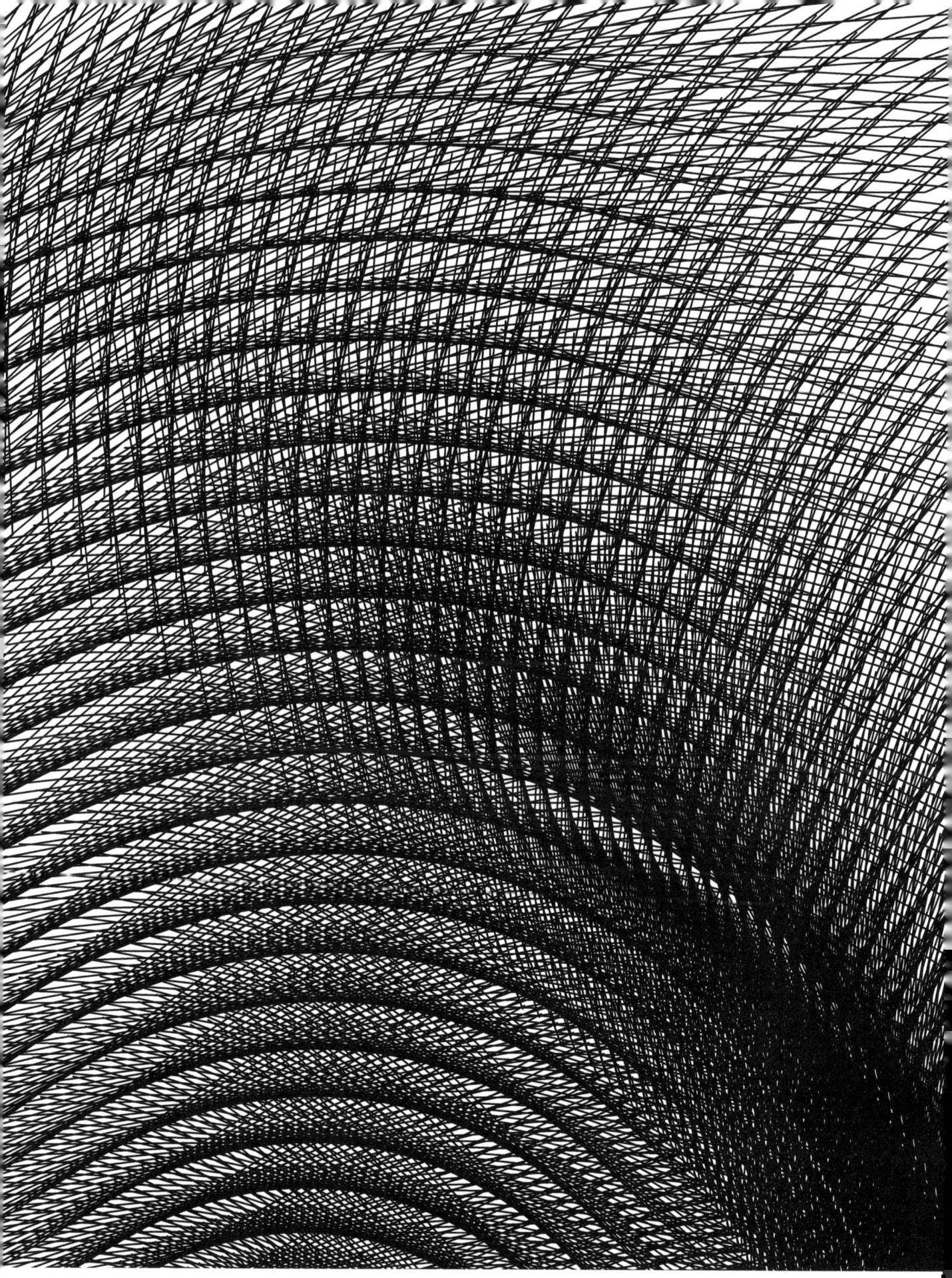

De prudents lichens jaunissaient en leur nature intime et valeurs d'à-peu-près ● de tresses

blondes en lianes d'apparat, de serpes d'or en baisers sous le gui, quelques farfadets se mirent

à fredonner d'insolites ritournelles ● l'un se ressaisit des énergies enfouies sans se satisfaire

de quelconques chimères ● il devait apprendre à ne jamais dépendre ● ● ●

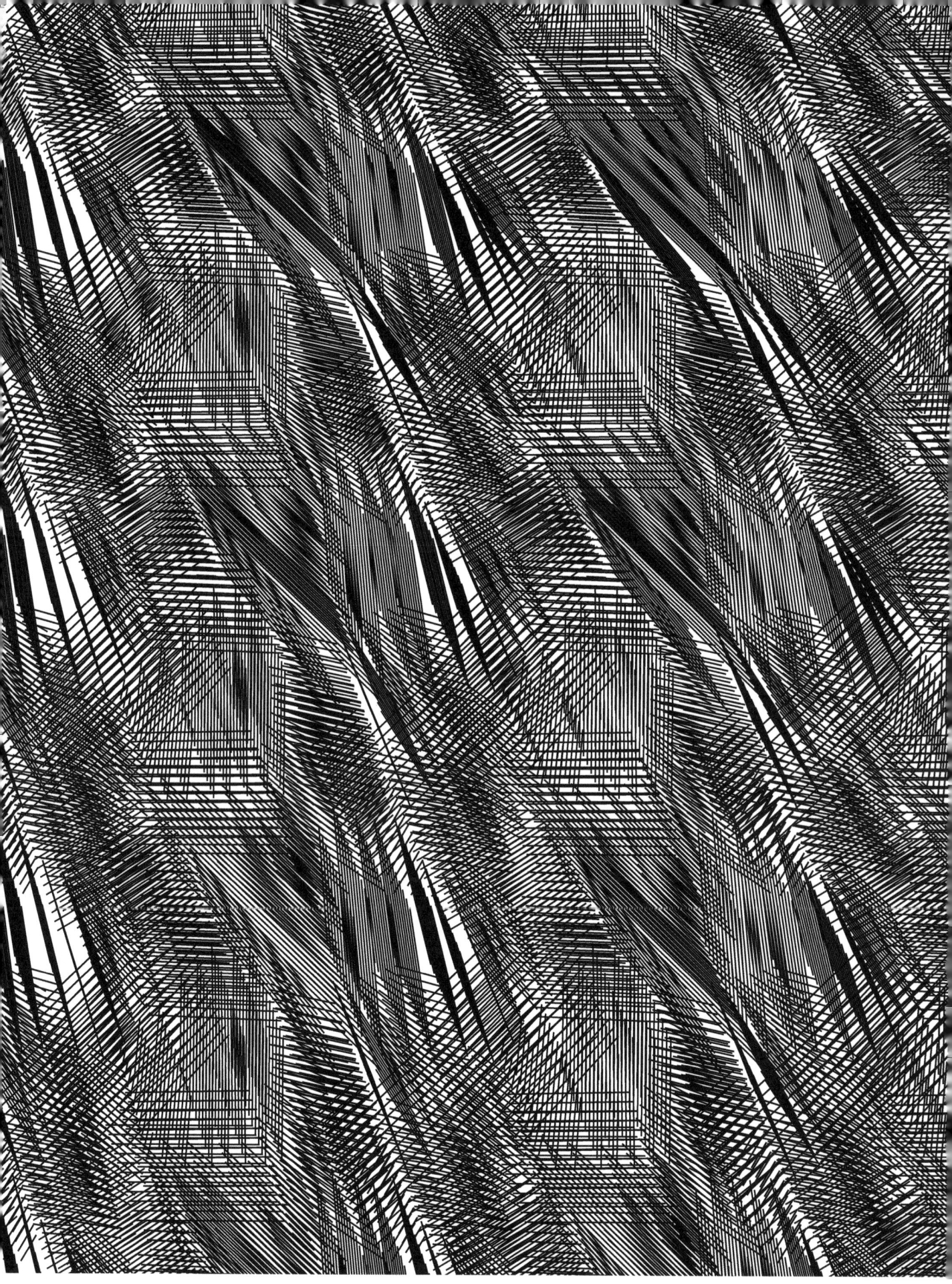

Par manque d'offrande, les dieux avaient quitté le centre de la clairière où trônaient d'antiques

colonnes ● la mémoire des siècles révolus s'était déchirée à force de clameurs et vierges

sacrifiées ● mousselines et dentelles se raidirent dans la crainte du choc des futurs orages,

dont les montagnes parfois, du haut d'un bel été, aimaient à se gausser ● ● ●

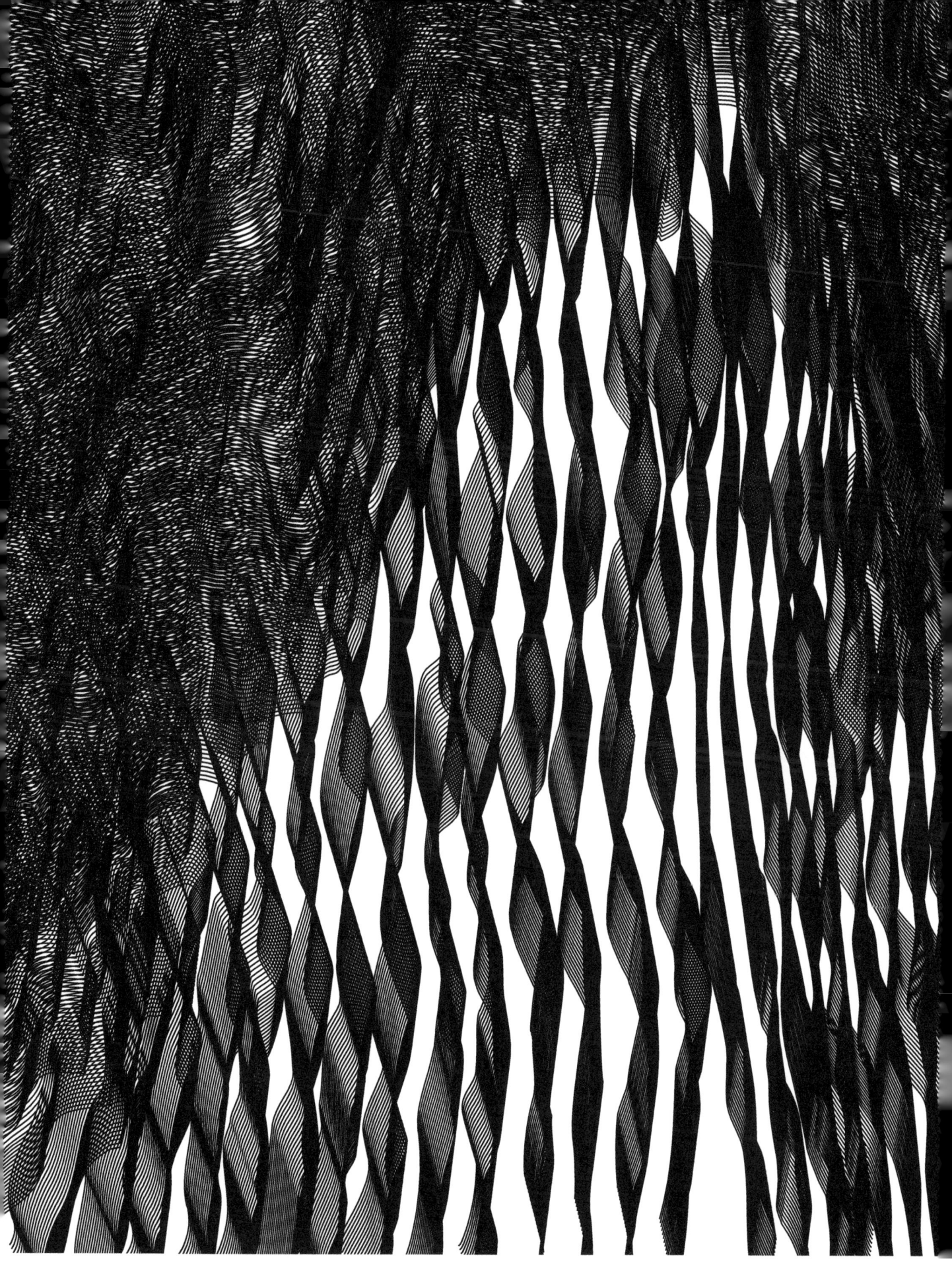

L'inconnu d'une soudaine clarté baigna les moutons paissant l'herbe rase ● d'autres, solitaires

s'étaient égarés ● l'un se rappela des courses effrénées dont les chiens abusaient, de la grève

à la lande, des prairies aux alpages ● un condor obscurcit de ses ailes les flancs à découvert de

l'une et des monts ● ● ●

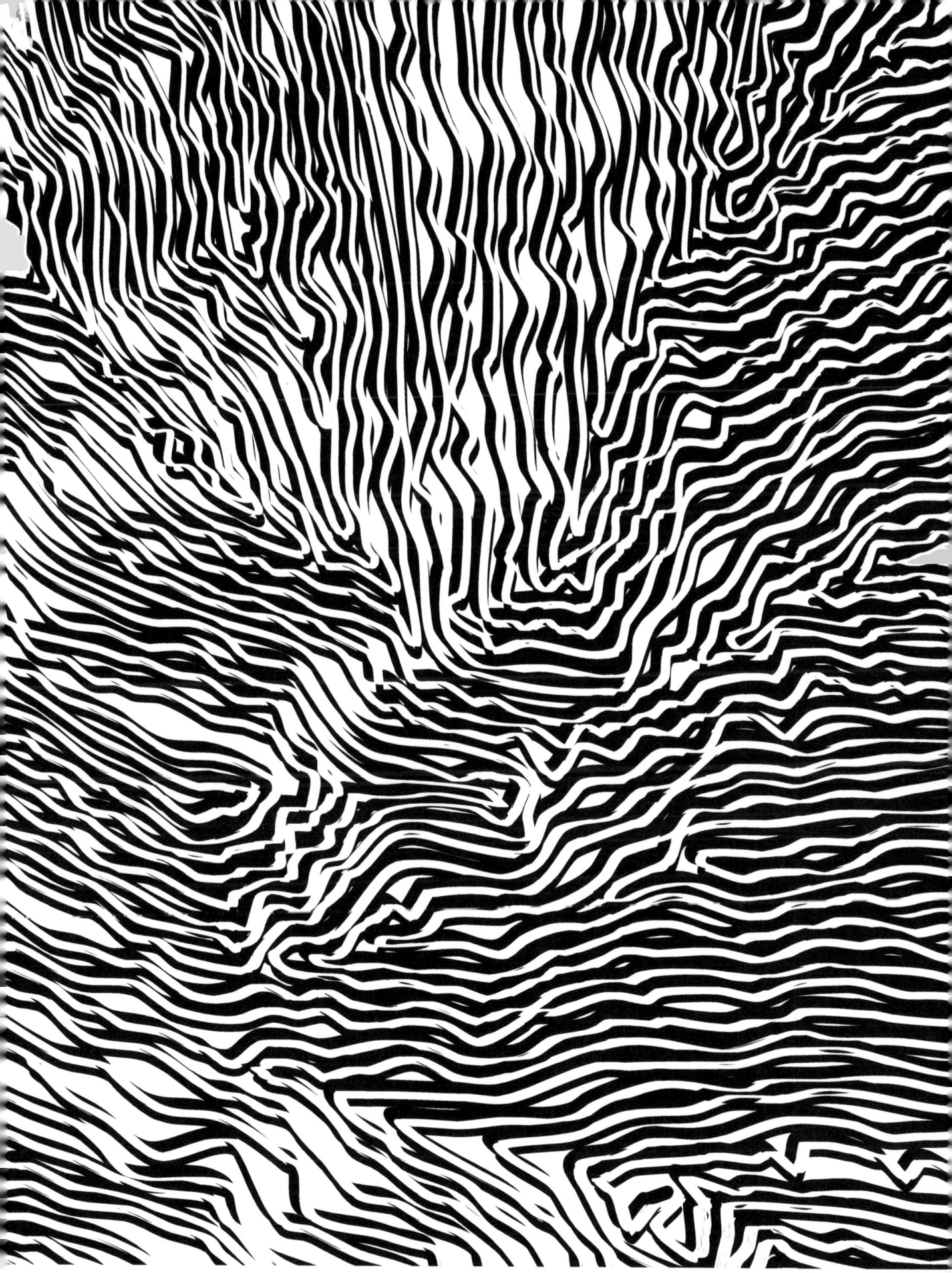

Il se mit à gravir l'à-pic des versants qui naguère mutèrent en d'infranchissables barrières ●

à chacun son peu d'équilibre et pointes de piolets qui ponctuent un décor tout en leurre de

sommets ● à moitié de hauteur, adrets et ubacs s'enchâssaient en damier selon les embardées

d'un couple de bartavelles ● ● ●

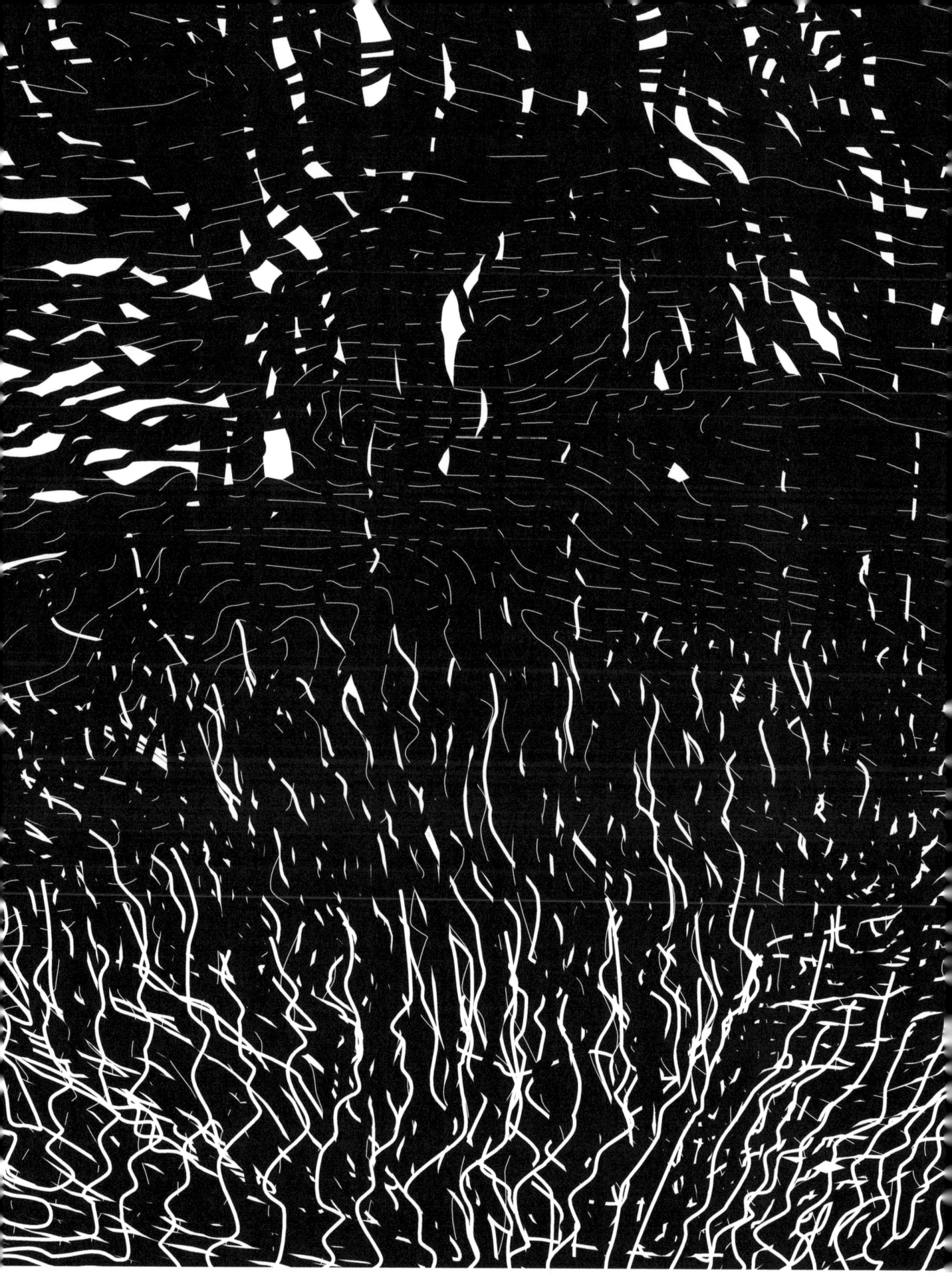

24

Plus haut, en taches éparses, scintillaient les neiges sales et tassées des névés ● les brumes

matinales voilaient l'hypothèse des cimes dentelées ● à cloche-pied sur le sol libéré des glaces

de la saison passée, l'oxygène manquait ● il décocha d'inavouables pensées qu'appellent les

peurs des demains sans lueur ● ● ●

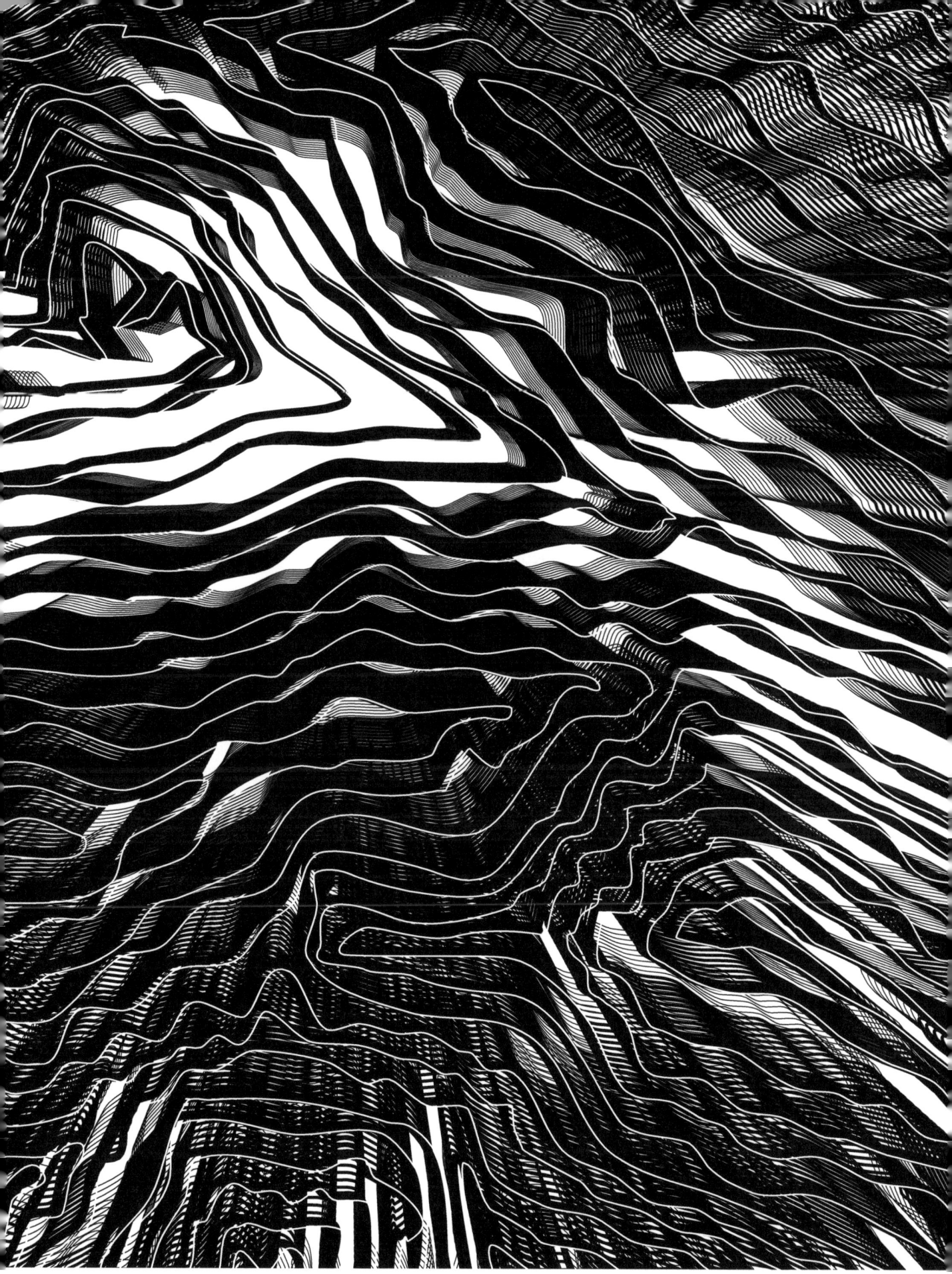

Butés en crêtes, les fonds de vallée s'étaient redressés en lot de façades échancrées ● s'en

affranchir les porterait au minuit des bonheurs cambrés ● blotti au sein d'une anfractuosité,

l'un se mit à déliter les matières du piège que le maillegwal sublimait ● ravines et crevasses

ne sont que vides qui ne s'embrassent jamais ● ● ●

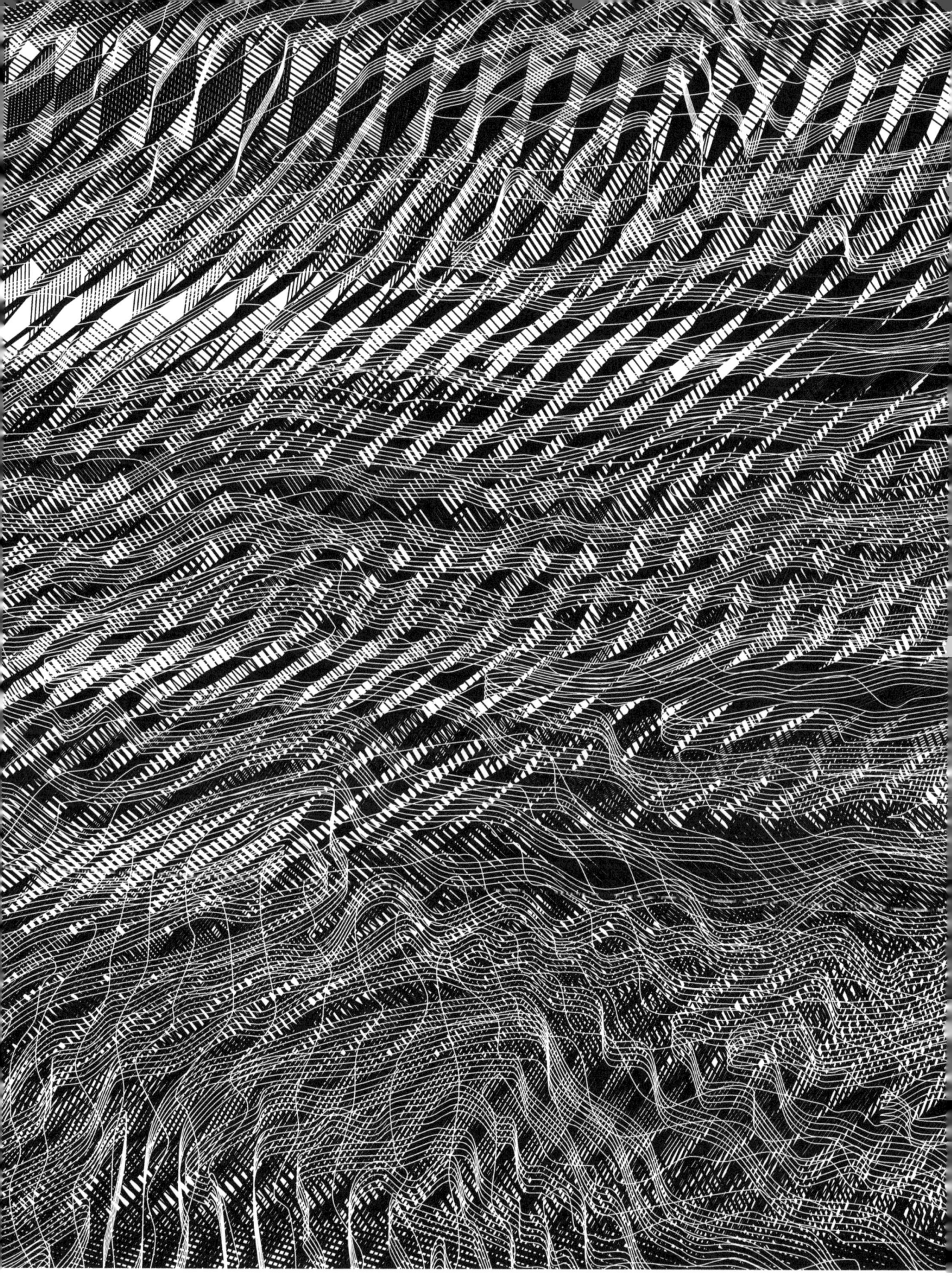

26

Dans les mailles d'Il était une fois, l'objet se fit maillet ● par chocs vifs et enchaînés, la géode

céda sous les coups ● dans ce labyrinthe de prismes se frôlaient, tronquées, des formes

d'aquarelles opalescentes et irisées ● les ornements en puissance appelaient parures et

joailleries toutes faites de pigments précieux et assortis ● ● ●

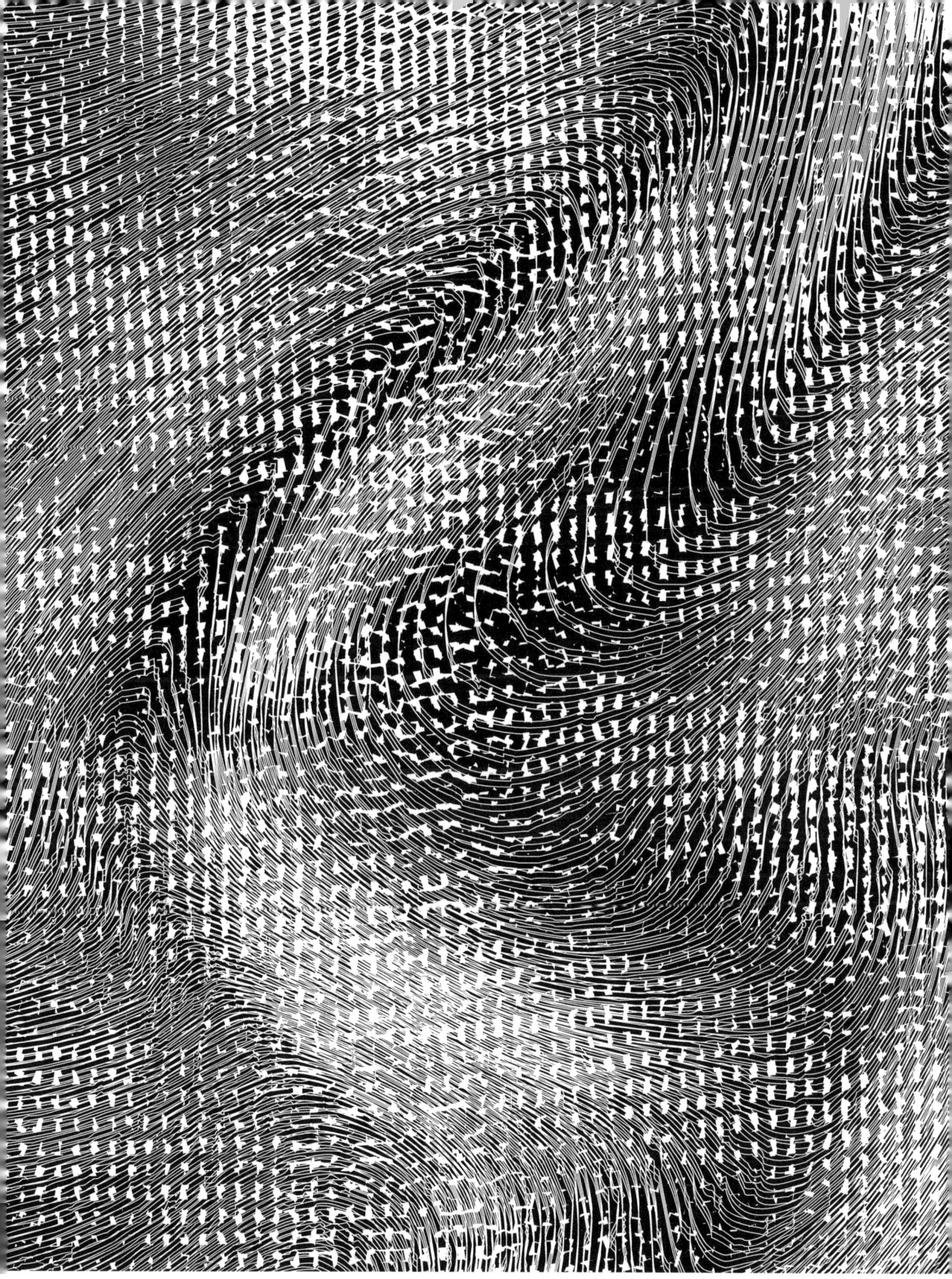

À l'abri des cavernes, contes et caches s'étaient amoncelés ● les failles pariétales indiçaient

les contours de bêtes sauvages et nourricières ● dans l'ailleurs d'imaginaires pâturages,

l'encore des corps se réjouissait des festins à offrir en cadeau ● ● ●

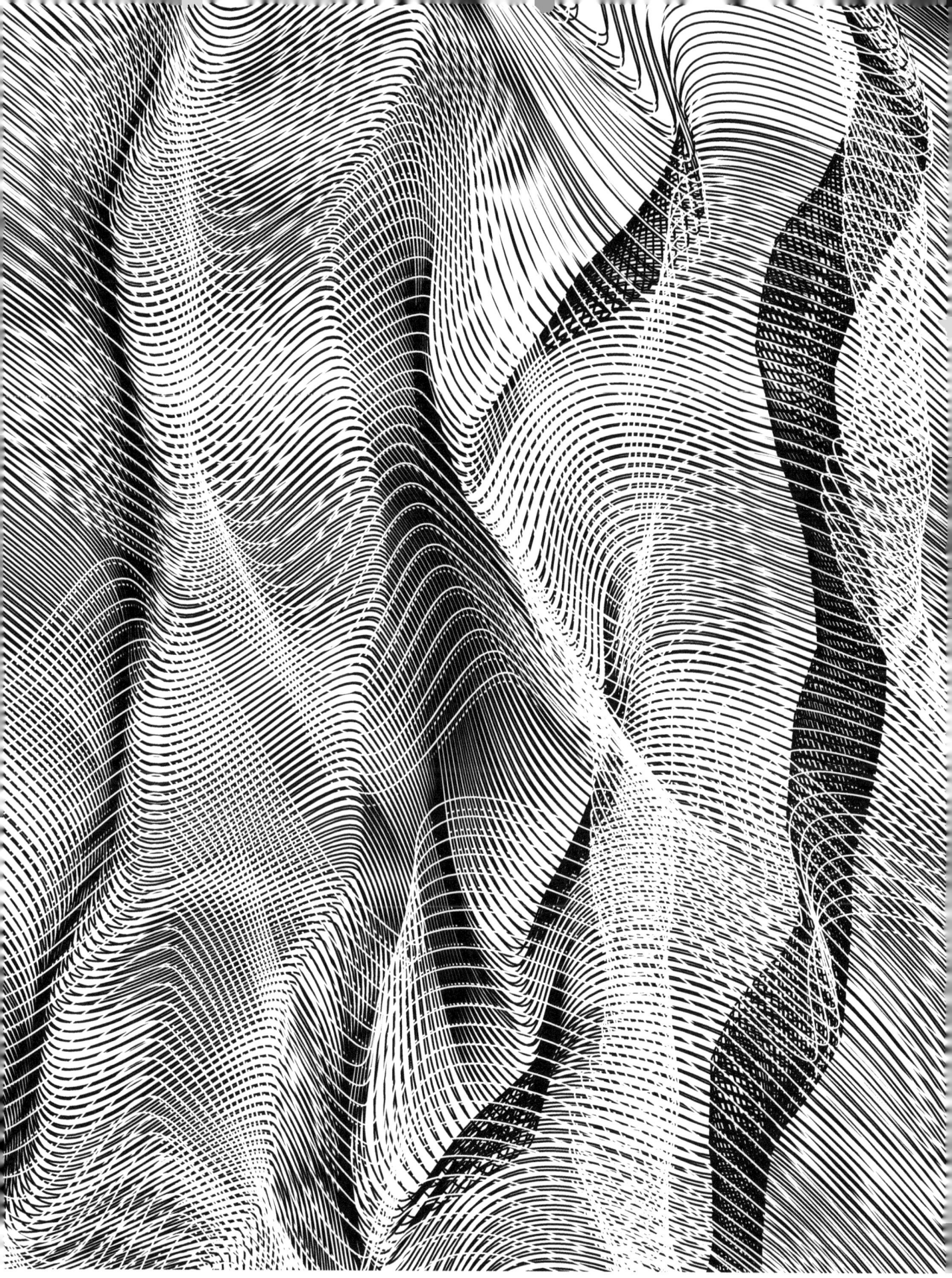

L'eau des neiges fondues dévalait en cascade l'abrupt des pentes ● ses pas se firent rapides

et capricants jusqu'à brésiller tout maillegwal qui attache ou relie ● fétus de paille ou fétiches

emportés, de l'aride des amonts jusqu'aux creux de l'aval, l'un veilla à ce qu'Il ne trébuche

● ● ●

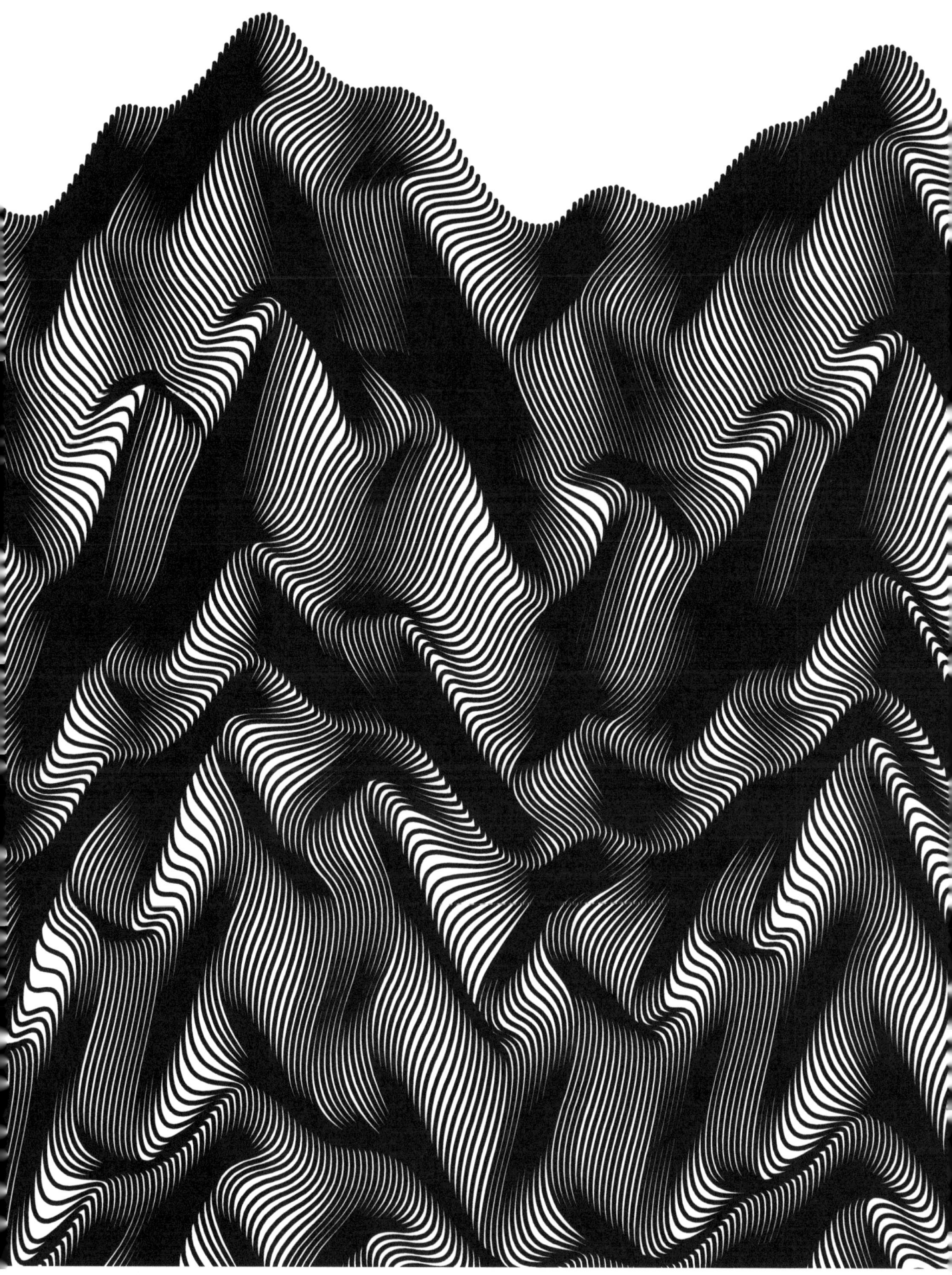

Par cent fois son nom fut abîmé et Salomon n'y pouvait rien changer ● les lames animales

s'y étaient aiguisées ● à coup de sabre et gestes parasites, toute image fut interdite sur les

bannières des mondes qui tapissaient tentes et temples ● il contempla l'oasis, plantée de

raides arécacées où s'empalaient les chants des sirènes boréales ● ● ●

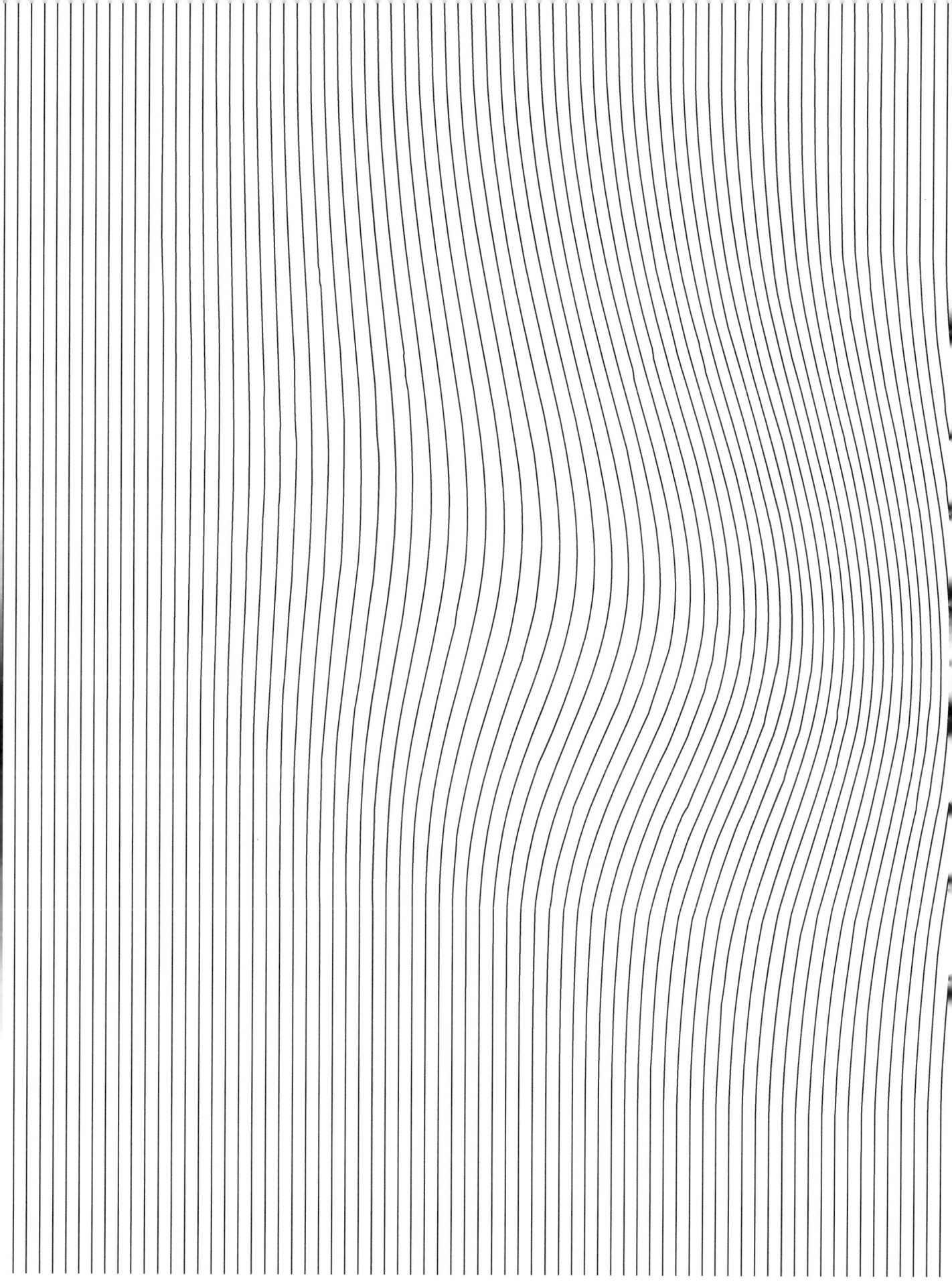

30

De dune en dune, sous le soleil d'un midi plein, l'immense distance à parcourir invitait à la

quête de la dignité d'être • sueurs et sang frappaient à ses tempes • des baguettes d'os

détachées de la chair heurtaient les peaux tatouées des tambours rituels • l'un brandit un

bouclier de diamants à polir sans fin • • •

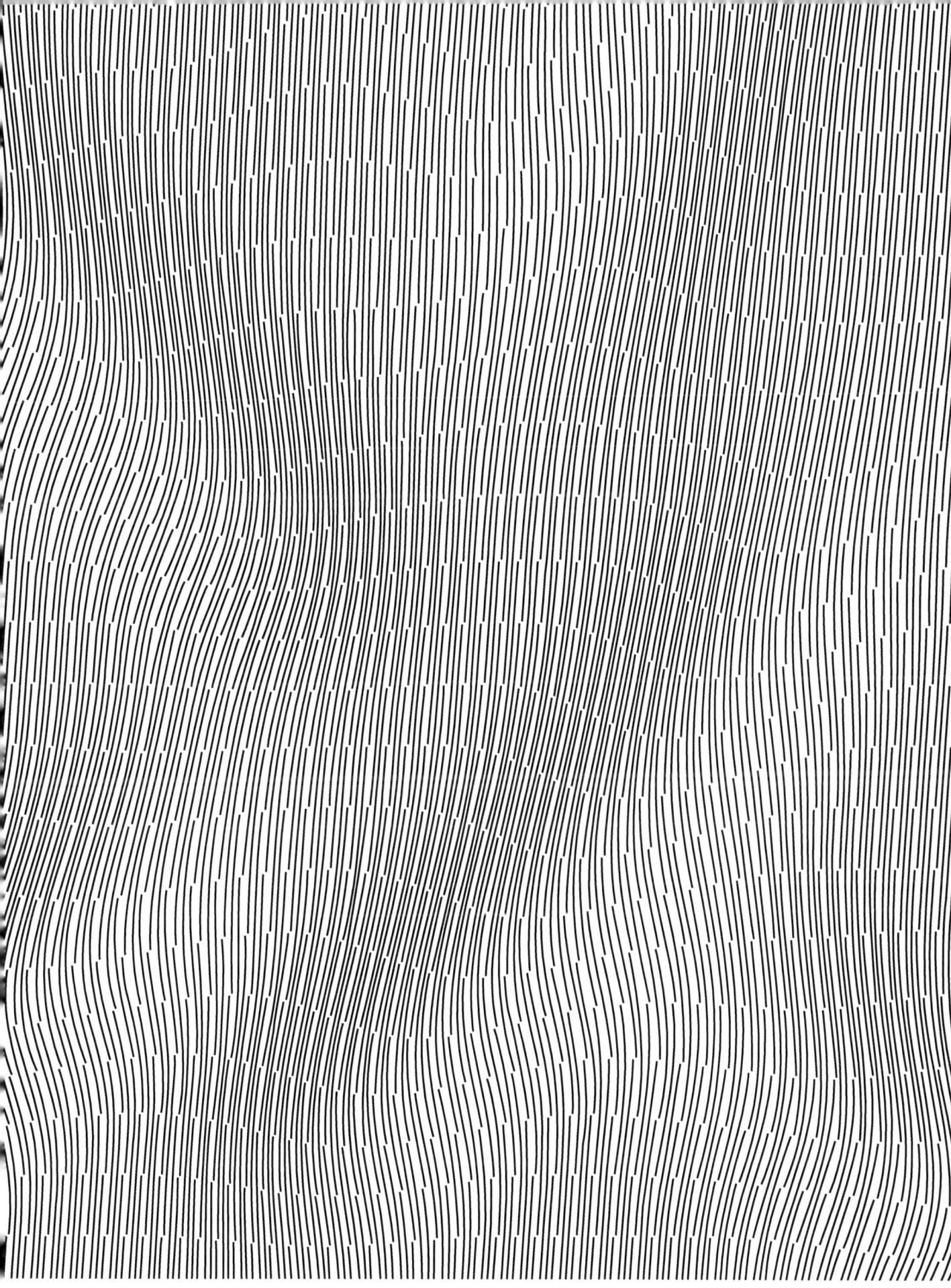

Les surfaces ondulantes des jours précédents s'étaient nappées de fronces sereines ● plumes

et ramages ourlaient les fièvres de quelques alizés ● il s'éveilla couvert d'une cape de sisal

et cuir de chamelle ● l'âcre chaleur du désert ne contenait en flaques que d'éclatants mirages

● ● ●

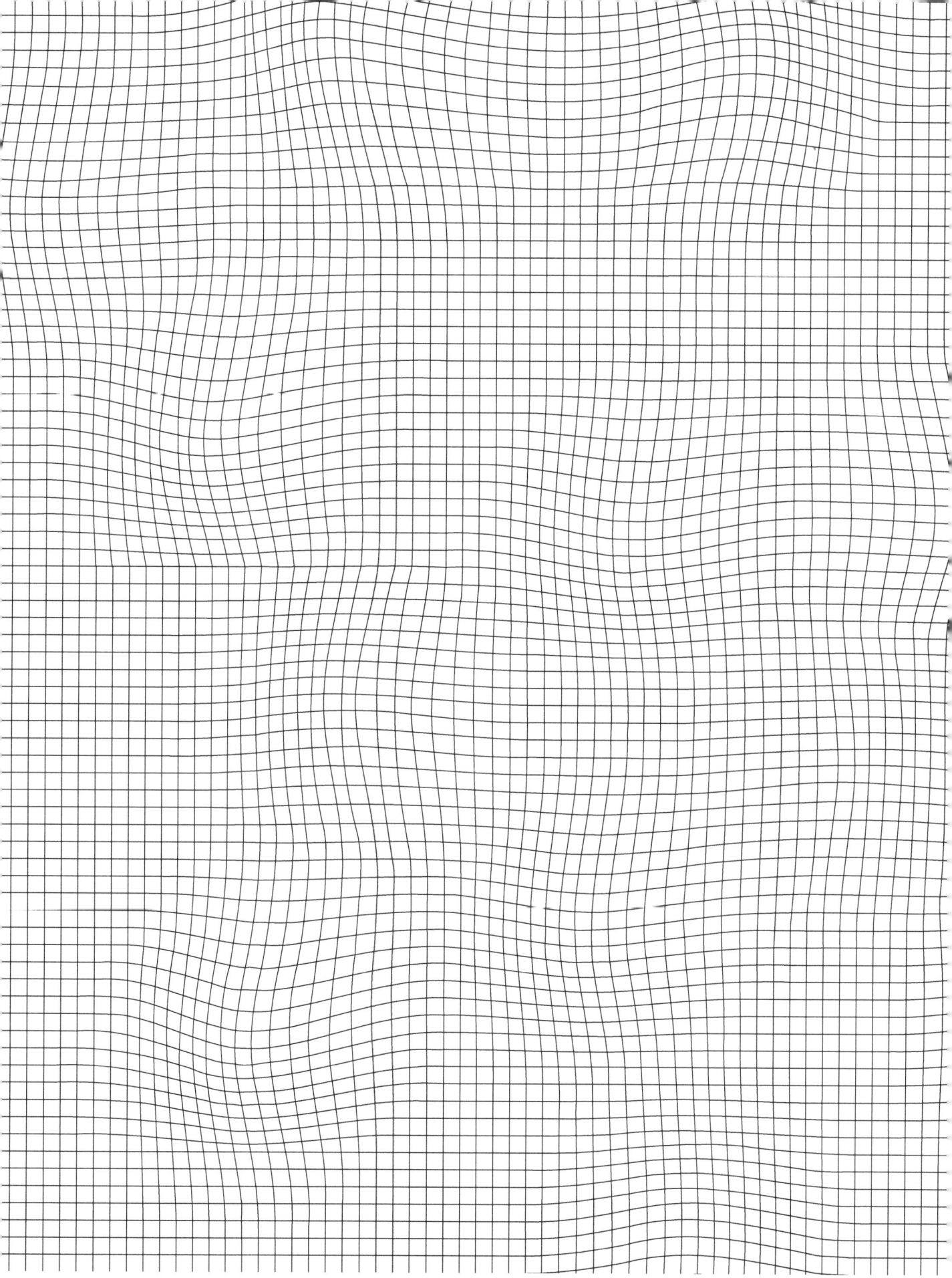

La mer évaporée n'était que champs de silice et silhouettes en fuite ● à perte de vue gisaient

bandelettes de momie et têtes fauchées ● trop de filles étreintes en mille et une nuits s'y

troquaient par des mâles en toque, griots en goguette ou soldats tout en guêtres enfilées à

la hâte ● dans le feu du désert s'agrégeaient les visions de l'enfer ● ● ●

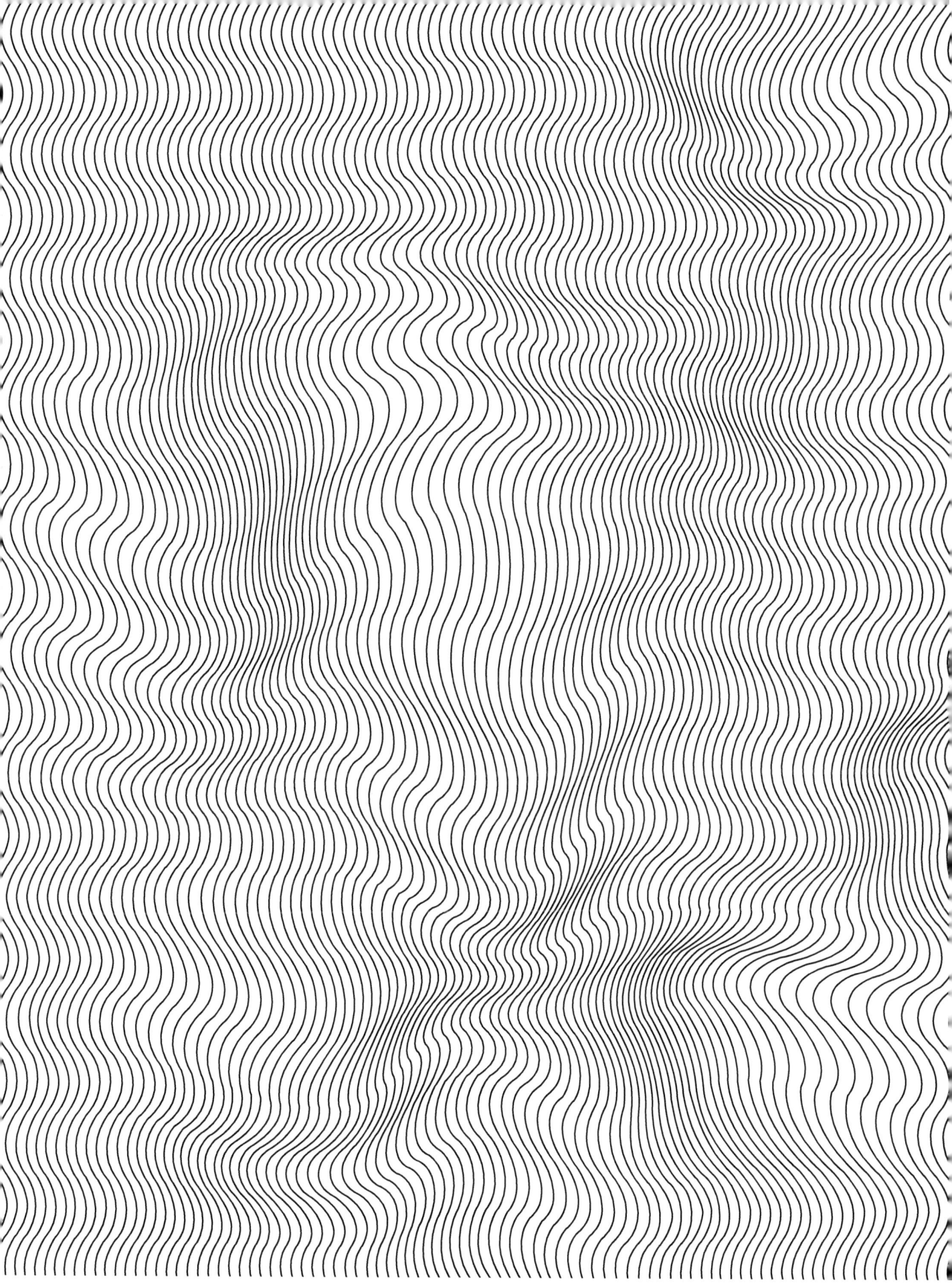

33

De ce territoire d'avant forage, sempiternel et sans usine, suintait l'urgence de nombre de

vouloirs ● mais les larmes de l'espoir ricochaient sur les roses des vents et les buissons

ardents ● l'un embrassait l'argile chamotté des figurines brisées ● sous l'astre mère, le

maillegwal flamboyait en parcelles enchantées d'un jardin luxuriant ● ● ●

À demi ensevelies, les sèches ondulations masquaient la présence d'un ksar délaissé de tout roi

● les murs de pisé distribuaient un chaos d'ombres flasques ● un à un les verts s'éteignaient

sous les rayons ardents ● il chercha du regard une masse de nuages gris qui entacheraient le

sol ● de la pluie, l'un restait sans nouvelle ● ● ●

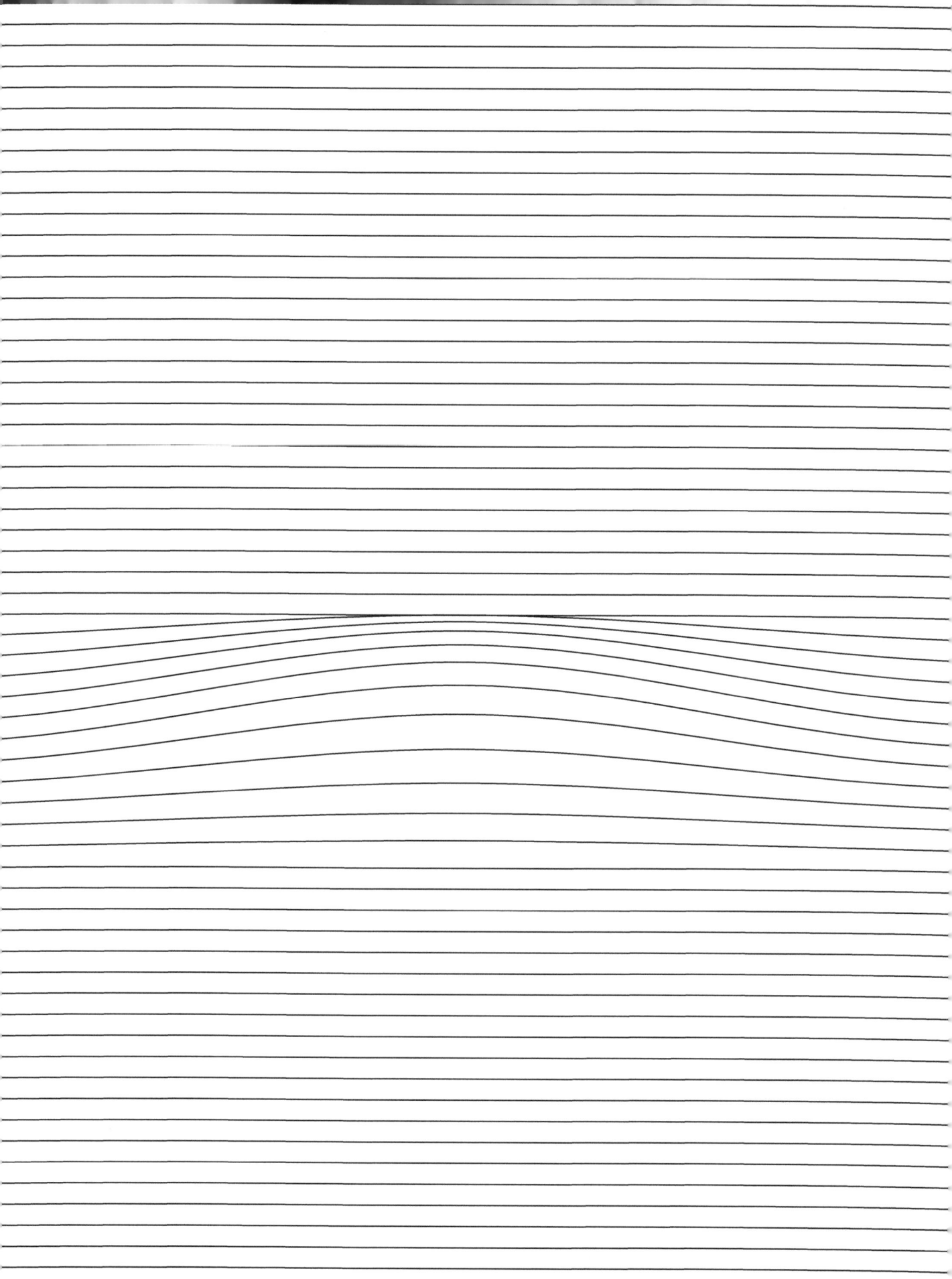

35

En quête d'un prochain campement, l'histoire se contait en brins de laine pour tisser une

étole de nouvelles étoiles ● l'un, par l'ambre et le jade mêlés, orna la voie lactée d'emblèmes

sélènes et draperies indiennes, annales anachroniques toutes enluminées de broderies de

soie ● ● ●

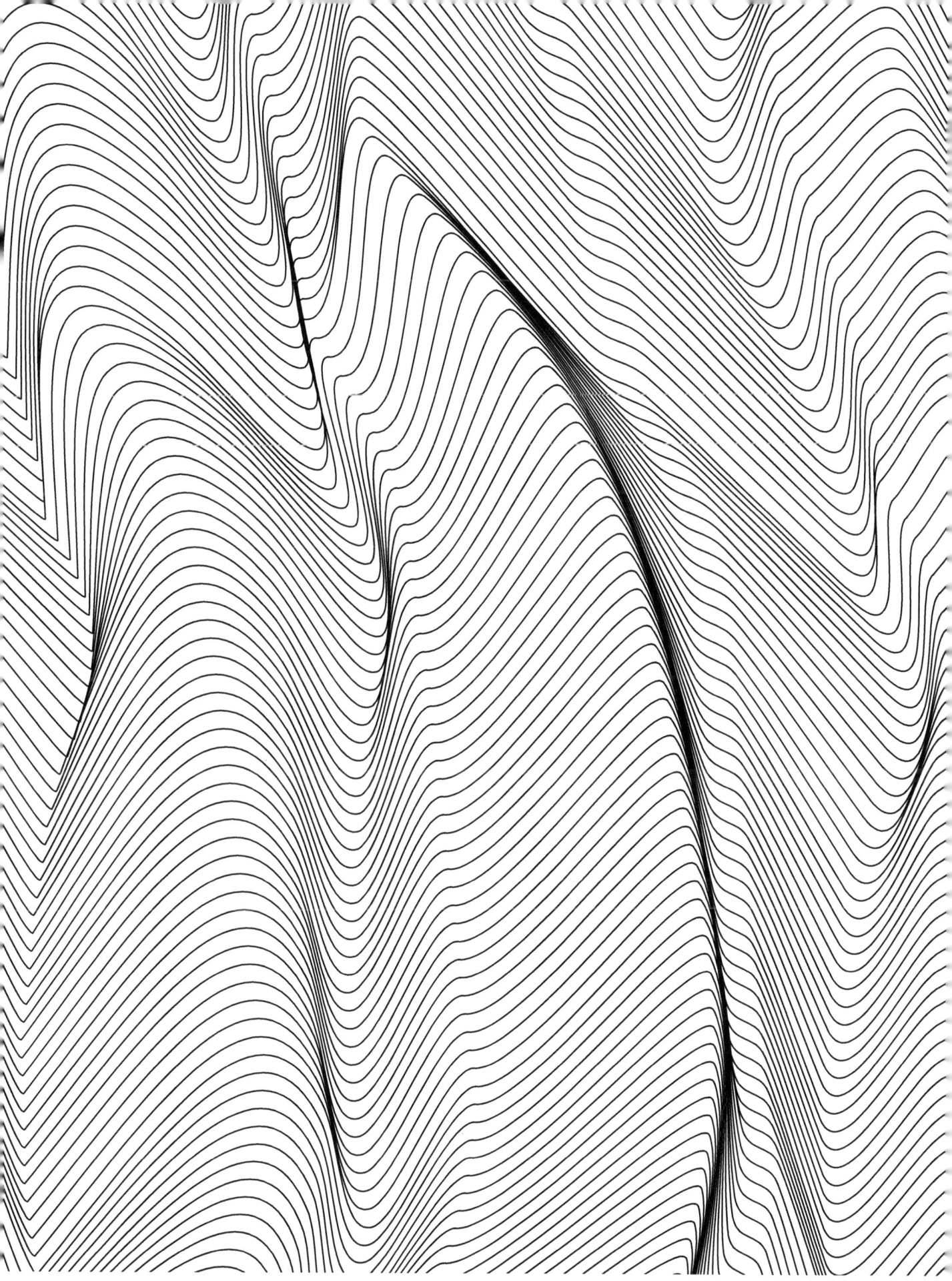

Les ors du levant brasillaient le long de la forêt de bambou ● il en oublia l'allée de chrysan-

thèmes libérant les senteurs des harmonies d'automne ● un cortège de poupées s'avançaient

déhanchées sous ses paupières fermées ● à l'aube, l'ode des laudes plissait l'eau du lac

● ● ●

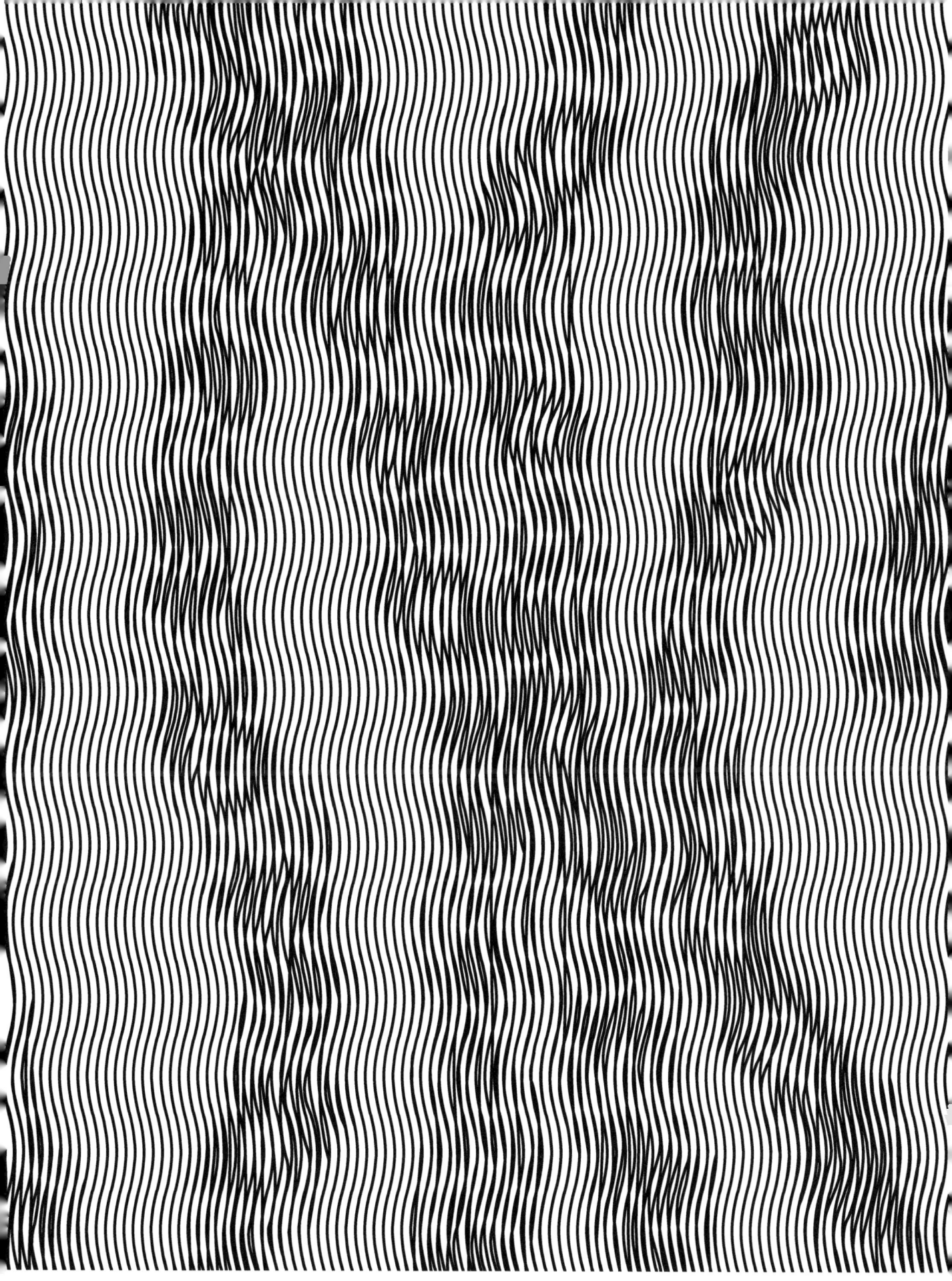

Il guetta l'étrange étang ● l'une s'y reflétait à chacun de ses bords ● aubades et psalmodies

résonnaient le long des rivages sans visage ● une barque marquetée d'émeraudes s'élança

sur l'onde promise ● le jour s'ouvrait sous l'angle qui rassemble céladons et fines porcelaines

● ● ●

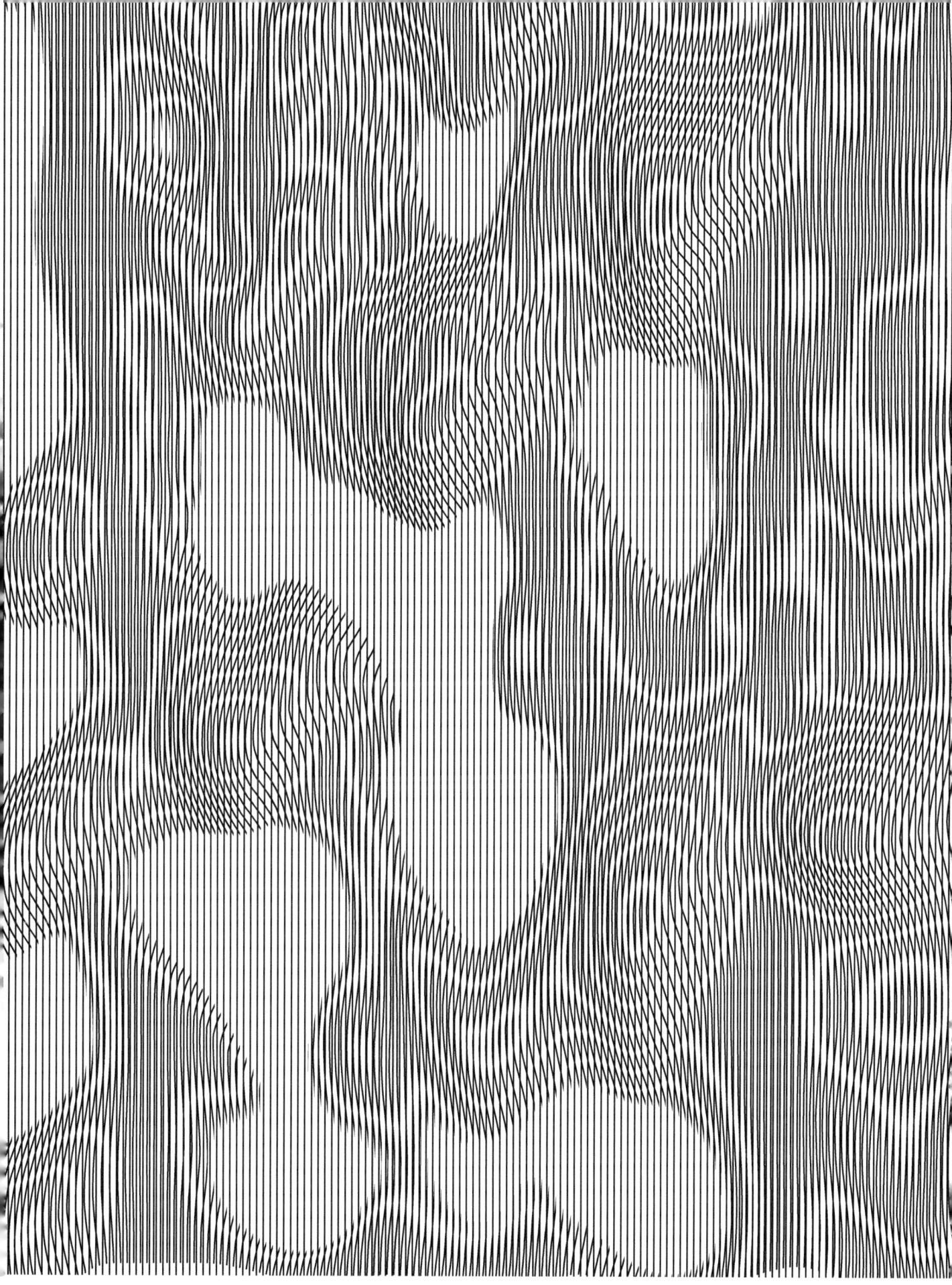

Des chevelures défaites tanguaient en cernes concentriques au plat de l'œil d'eau ● depuis

de grecques calanques, d'escales rhénanes en franches comtés, l'un godillait ● dans sa chaloupe

d'infortune, il écopait des sentiments crus et amers ● les roseaux s'inclinaient au rythme du

cliquetis d'une nouvelle barcarolle ● ● ●

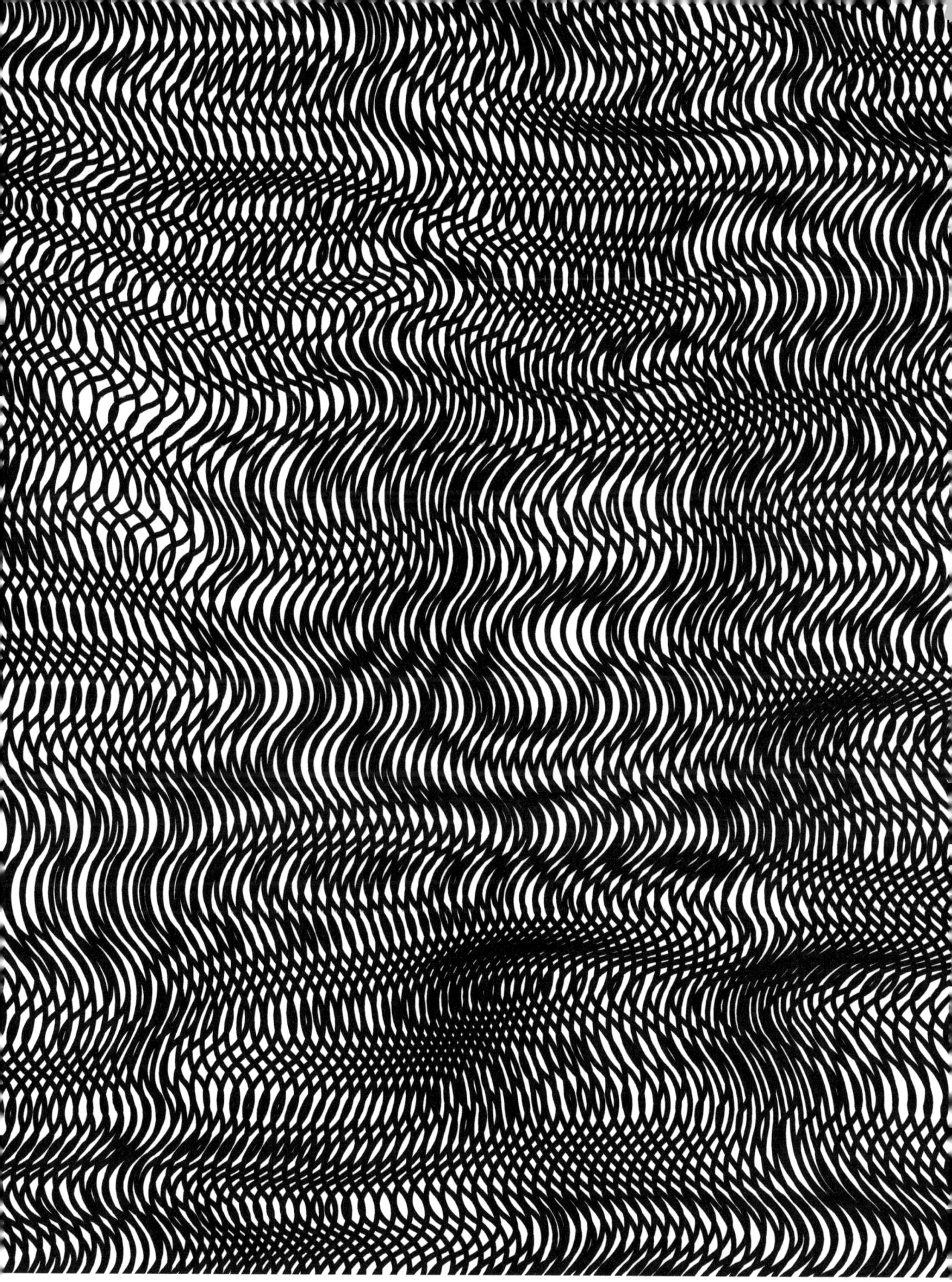

39

Sans le sang de l'ensemble, sans sangle, cent pour cent sablier, les promesses s'écoulaient à

l'imparfait des verbes à conjuguer ● de l'embrasure d'une masure s'échappaient quelques

pépiements en suspend ● le long du lac s'agitaient l'encens et les feux des bougies sur les

modestes autels dédiés au sacrifice d'immortels nouveaux nés ● ● ●

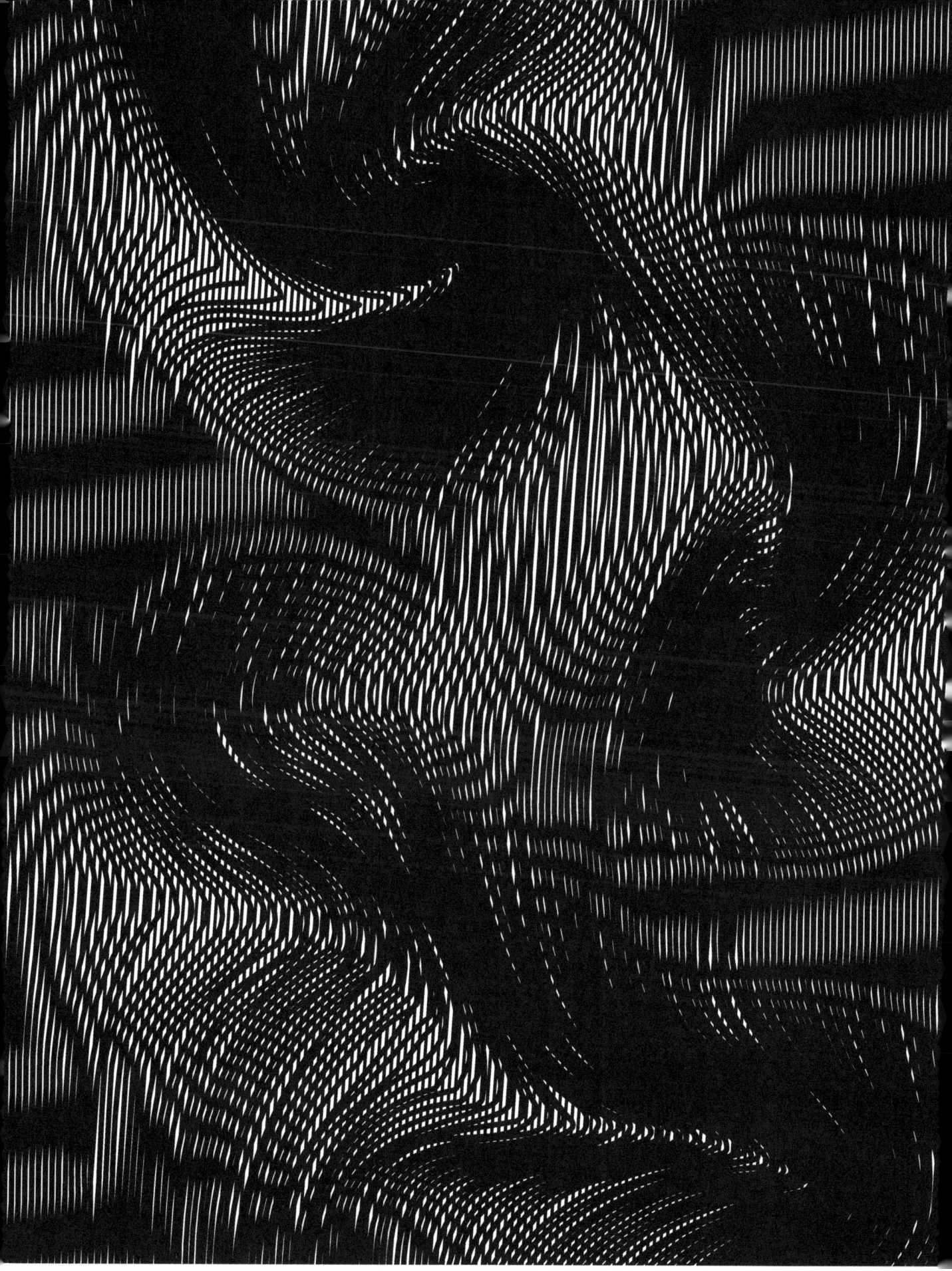

Les massifs de renouées asiatiques s'érigeaient en stèles végétales pour enclore quelques

pavillons d'or ● d'un vol d'oies sauvages, l'un tenta quelques calligraphies dont Il garderait

le sceau ● l'une répartit sur l'enclume de l'aurore le bruit des plis de sa robe safran ● ● ●

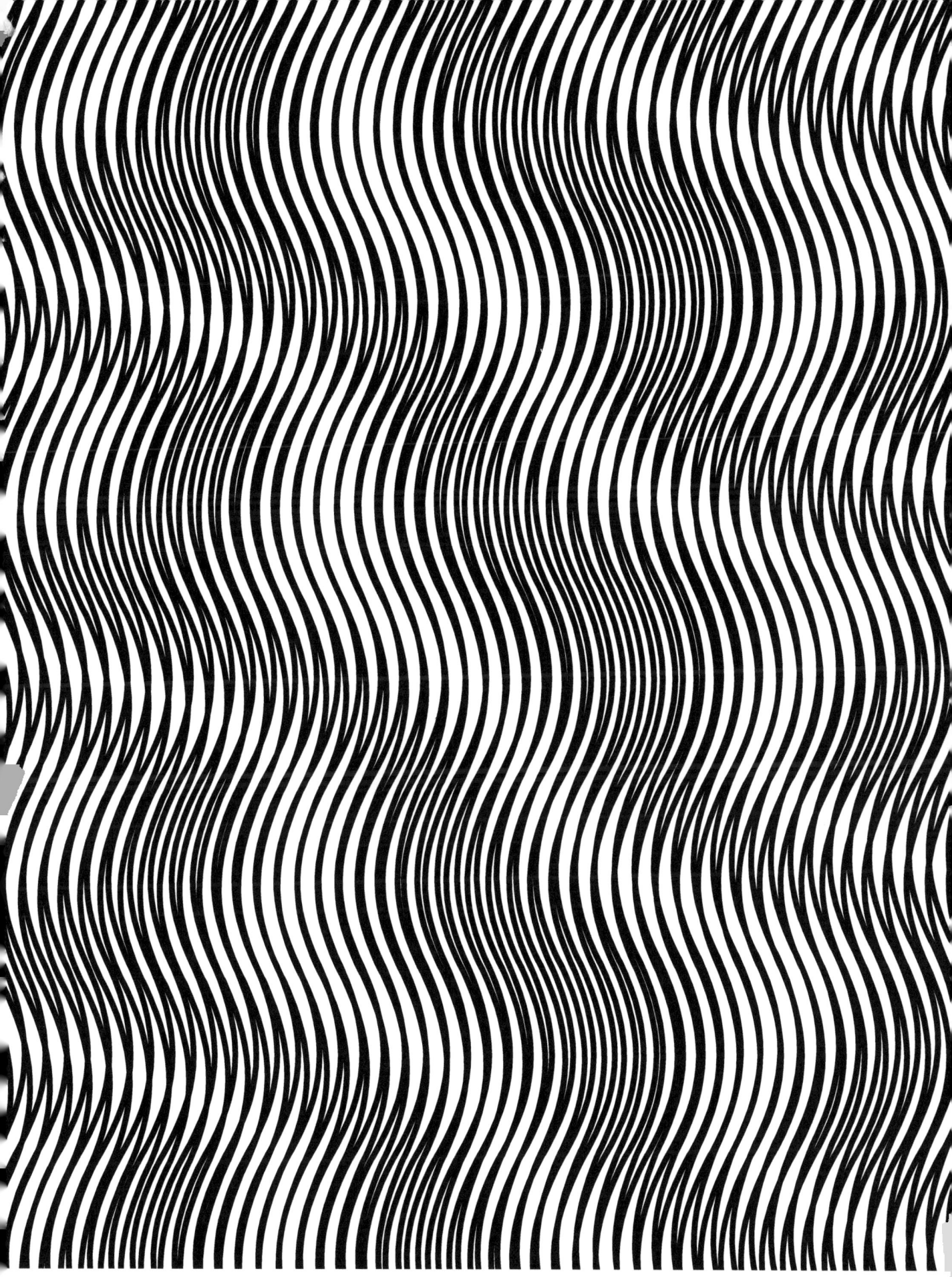

Un gong répercuta en de nombreux éclats les notes des causes perdues ● des bouquets de

fleurs fêlées pétrifiaient les cœurs sous les clabauderies de quelques hommes errants ●

solitudes et abandons se consignaient en registres à jamais refermés ● la stridence des

sifflements de l'une s'ajouta au chahut du souffle des anges et des orgues ● ● ●

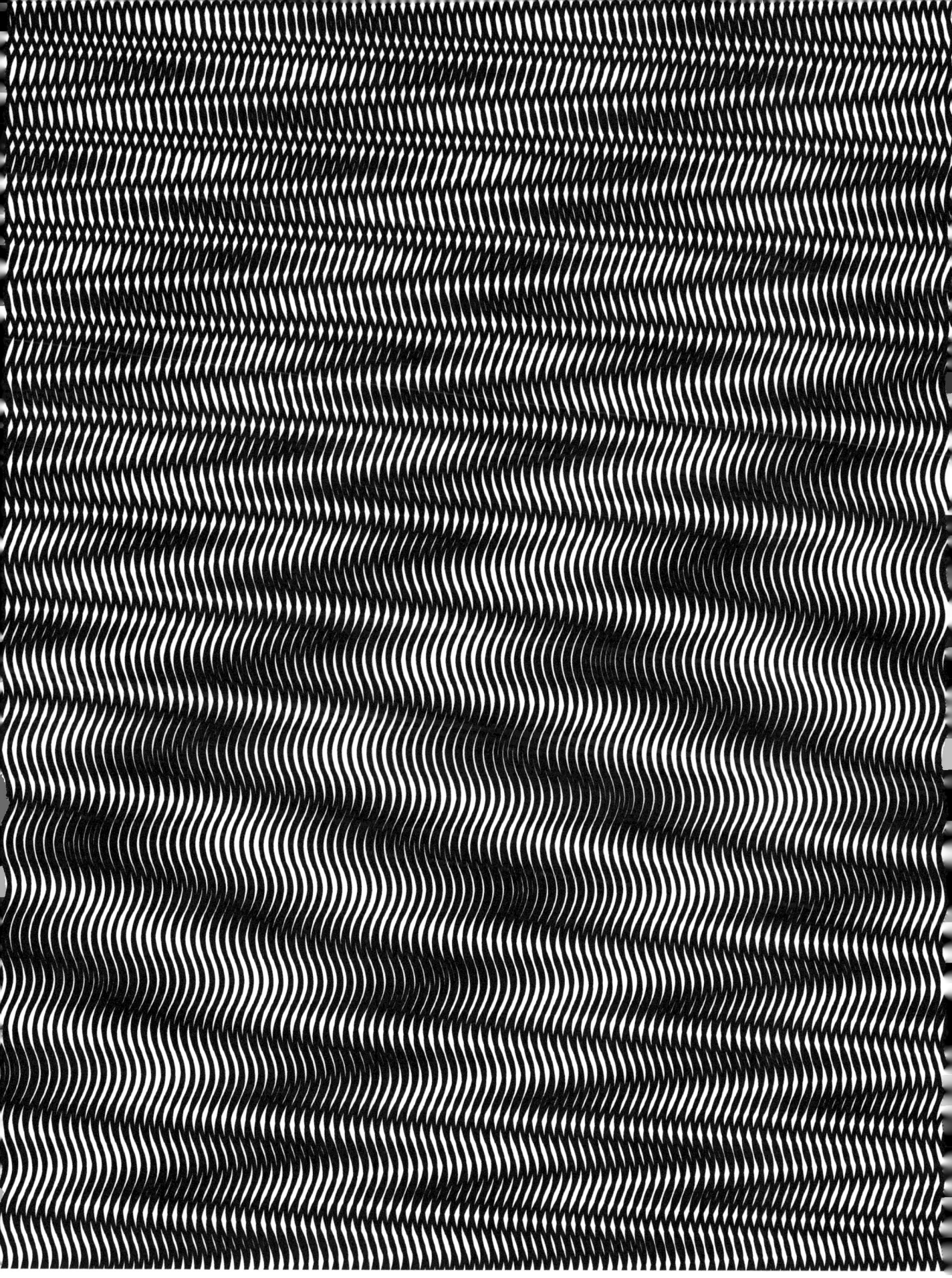

42

Il foula le limon de l'enclave parsemée de racines et pétales flétris ● l'un observait dans sa

boule de jaspe le visage ridé d'un vieillard sous la lune ● à portée de margelle d'un puits

abandonné, le pincement des cordes susurrait des poèmes épiques ● de sa trille chaloupée

un oiseau-lyre cherchait à imiter l'empreinte d'une lointaine Cassiopée ● ● ●

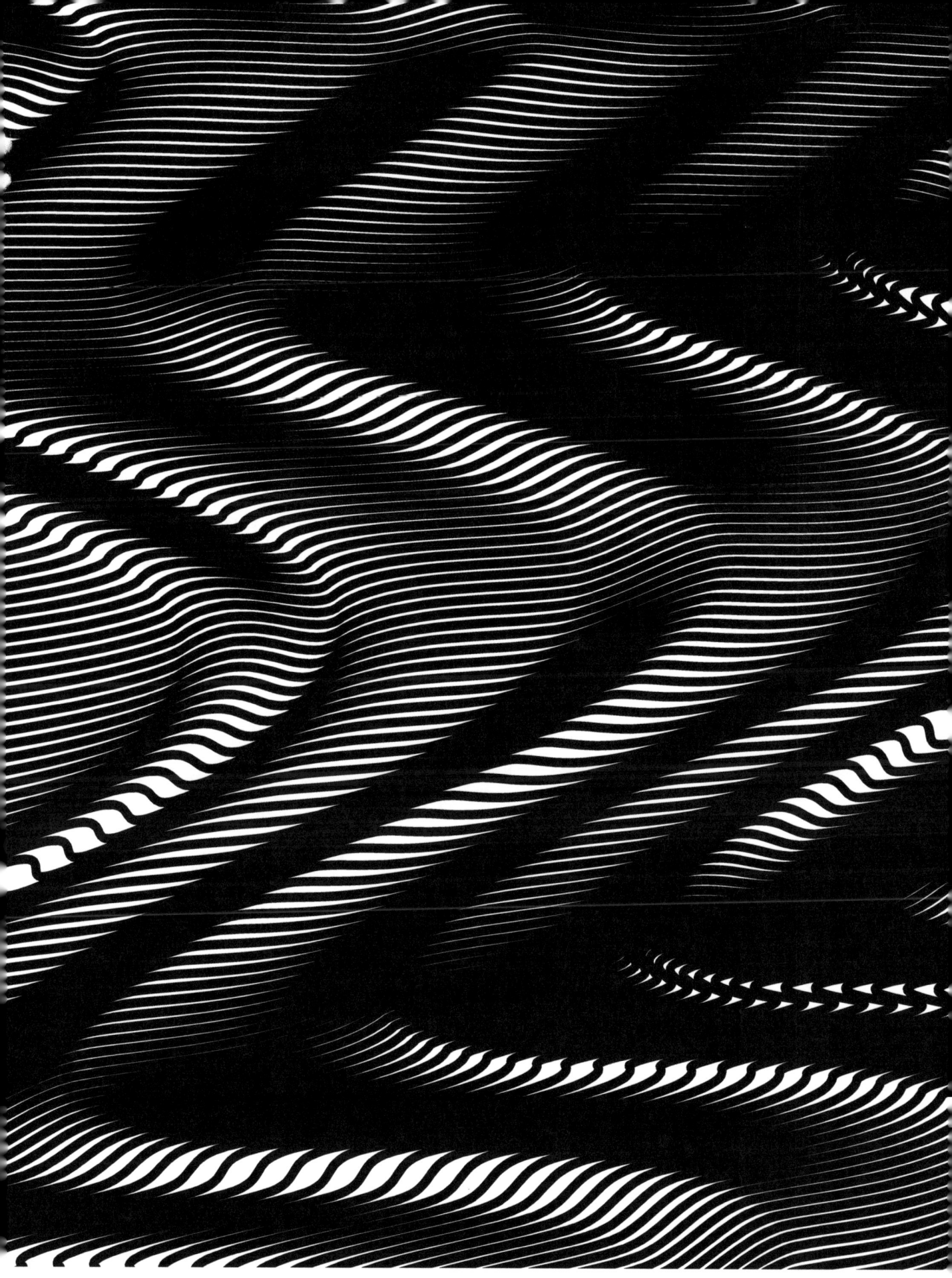

Des cités millénaires, la violence des tonnerres avait escamoté mosaïques et pavés ● la valse

des arcs, sans l'ivresse du triomphe, s'était dissoute en un recoin caché ● briques et mœllons

grimaçaient au pied des tours d'acier ● il s'étonna des fumées interdites et des portes

cochères aux formes ceintes de dessins protecteurs ● l'un se mêla au camaïeu de ceux qui se

dépêchaient sur l'asphalte rayé ● ● ●

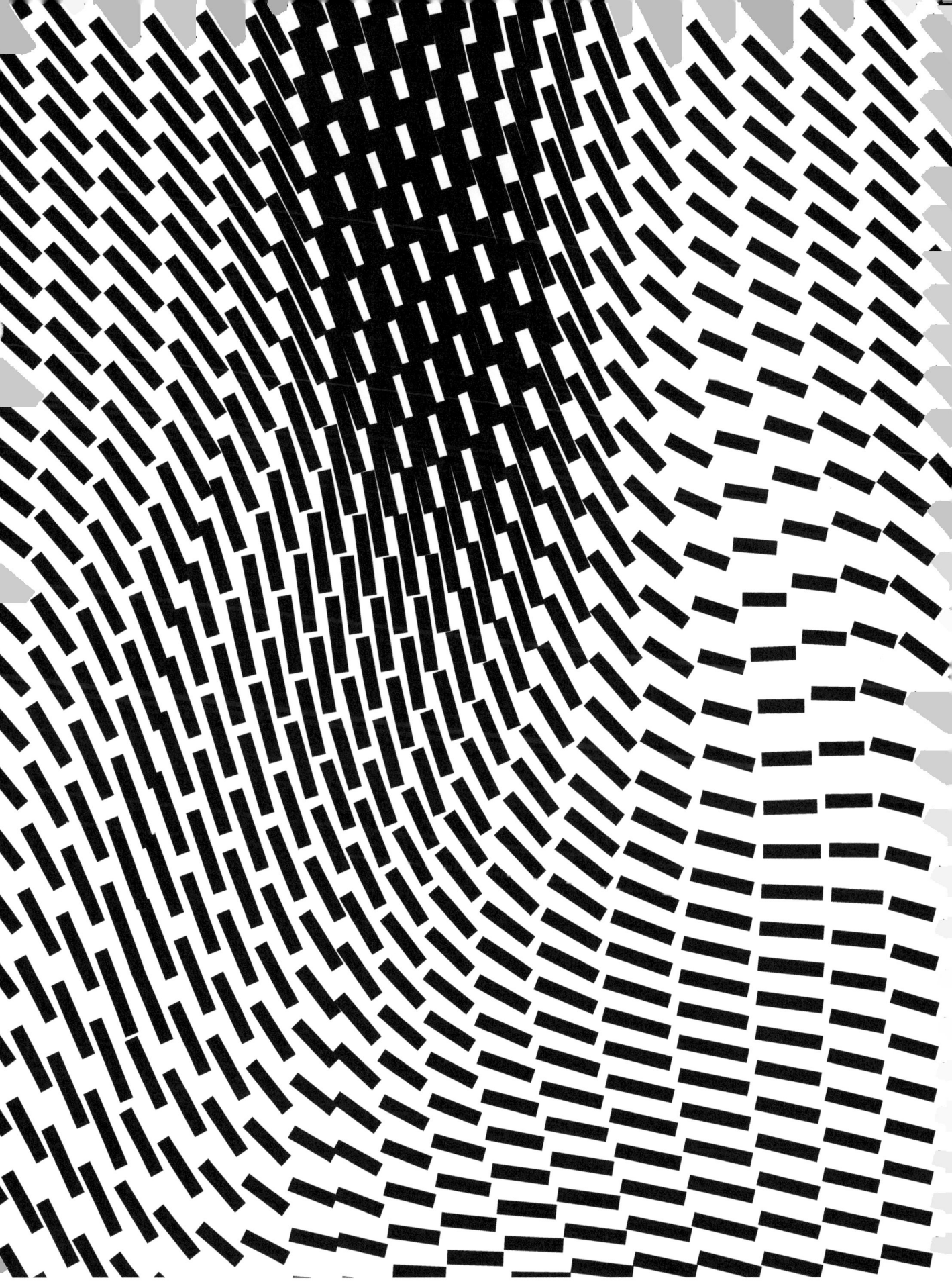

44

Derrière les pans de verre, de divines proportions s'étiolaient en bluettes numériques ● les

valeurs digitales crépitaient en boucles d'algorithme arrachées aux camelots des hivers

d'hier ● des voûtes des plafonds jaillissaient solives et chevêtres à motifs d'écailles et

feuilles en girandole qui dialoguaient sur les carreaux glissants ● ● ●

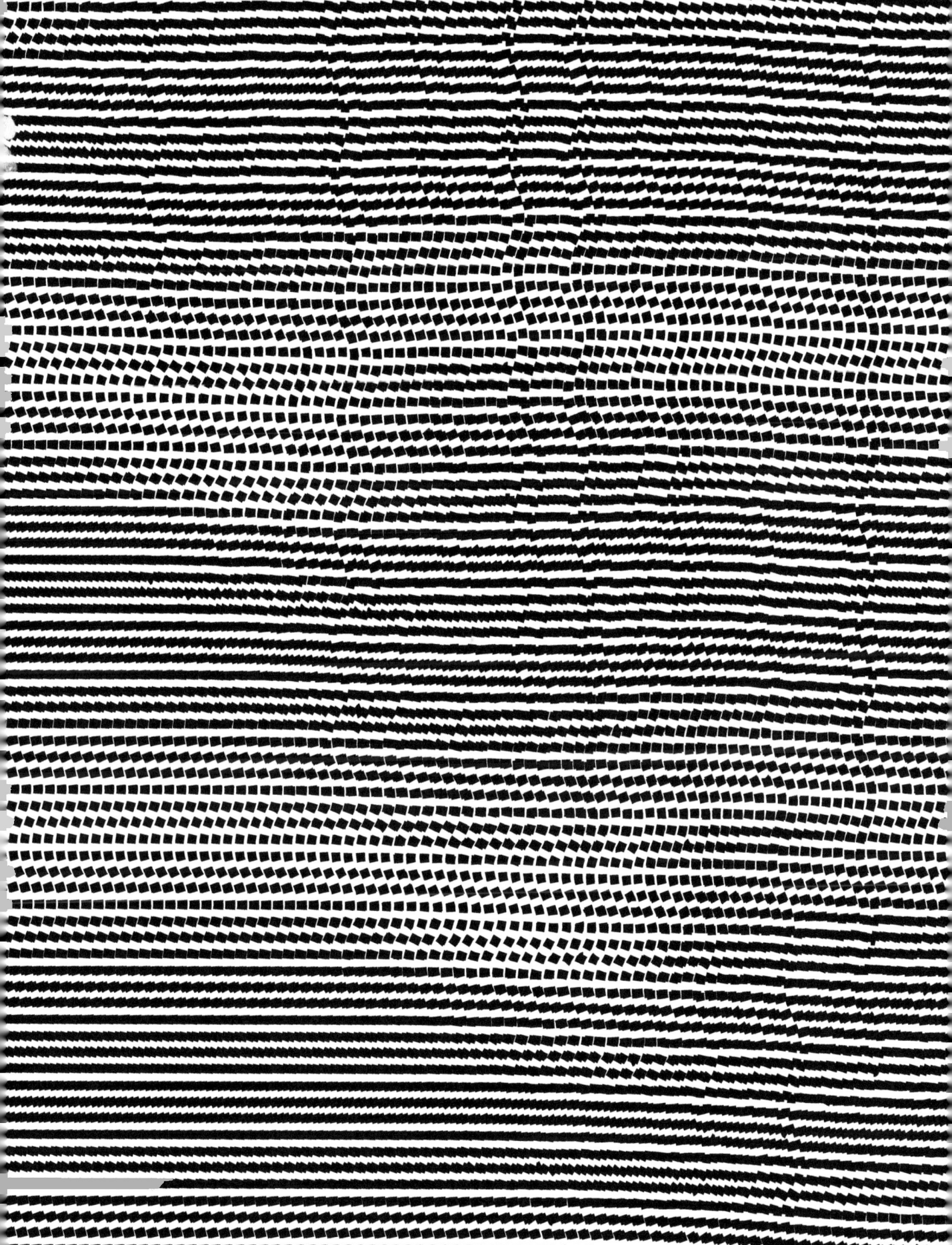

45

Il traversa le pont qui enjambait le fleuve ● au loin, l'impatience capricieuse de filles enjouées

voguait sur un bateau fantôme aux cales pleines de sourires d'enfants ● les fières tours d'un

château se dressaient comme un besoin de mots pour estomper l'angoisse de vétustes

artistes ou vénérables savants ● ● ●

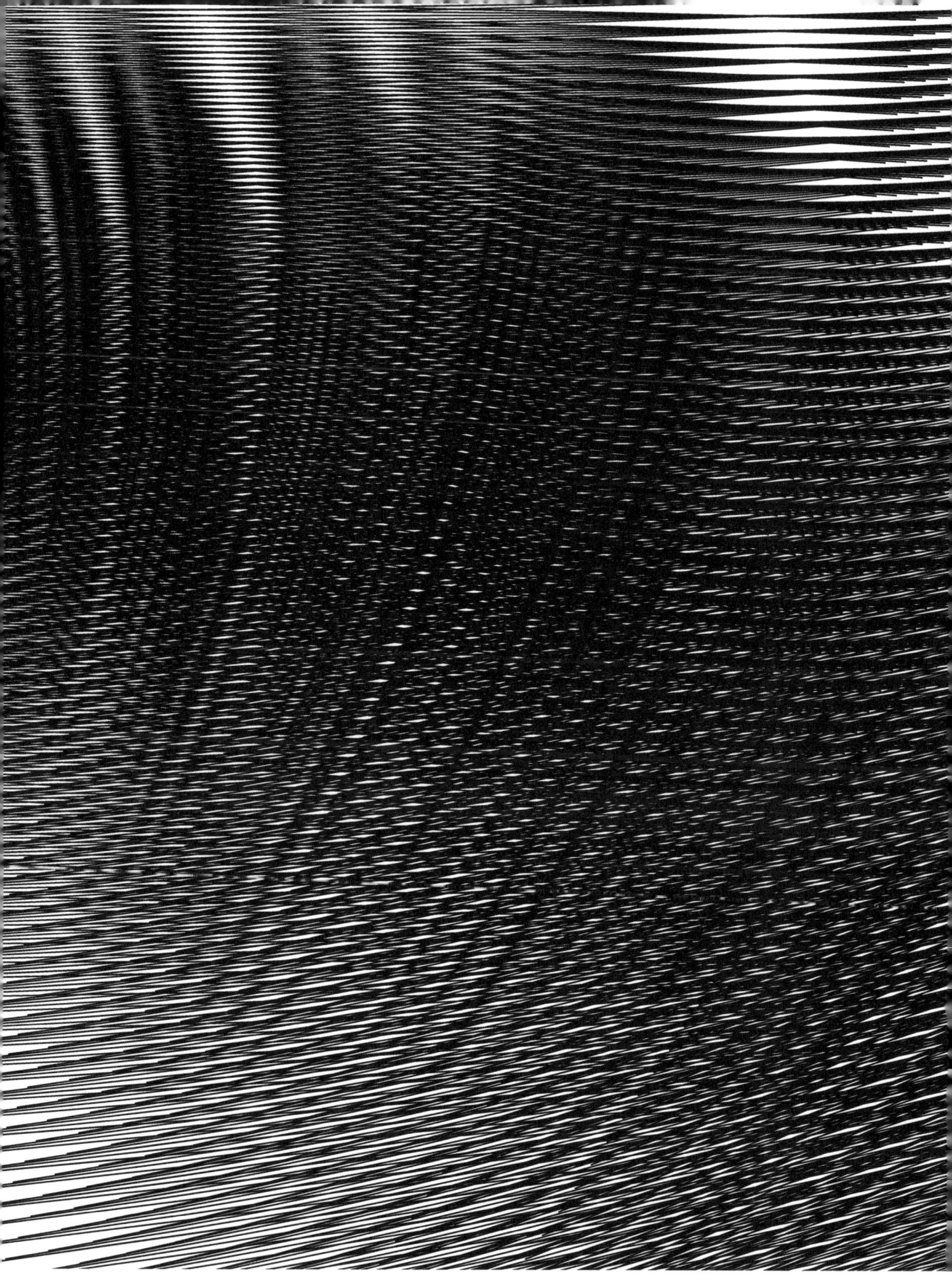

46

D'une berge à l'autre, un aqueduc aux piles rongées acheminait en lot les fragments de

l'oubli ● les fontaines inondaient de flamboyants héros, à genou ou gisants ● il lança quelques

pièces d'argent pour conjurer les sorts qui, près d'un lac, avaient été jetés ● l'un déplaça des

casses d'orbes magiciennes à marteler en unité cicéro et douze points Didot ● ● ●

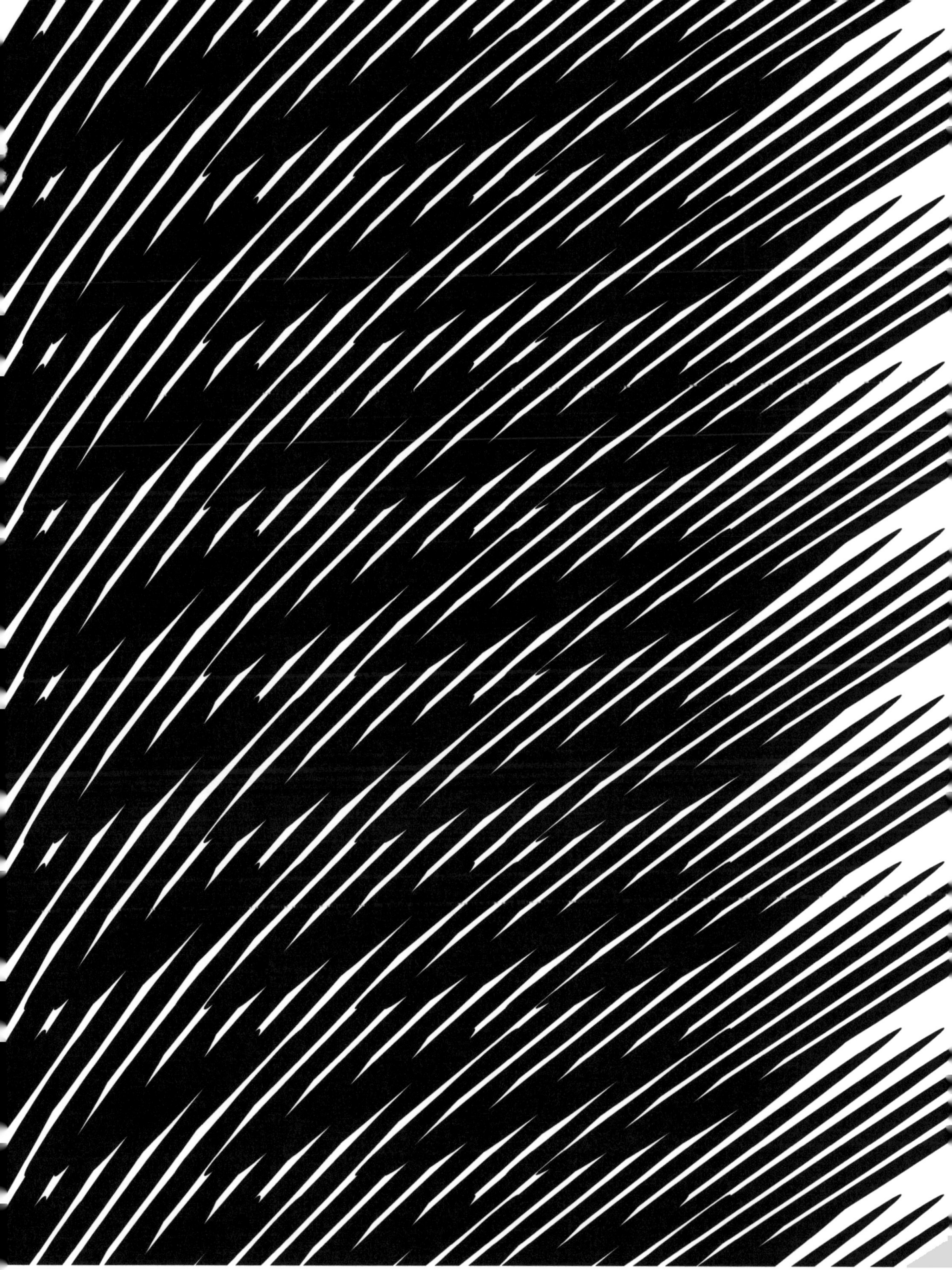

47

Un couple d'hirondelles stria le crépuscule de multiples anneaux ● les poutrelles de fer

brouillaient les lumières des néons et paillettes oxydées ● bélîtres et voleurs épiaient les

gens indifférents aux quémandes des mendiants ● les enseignes tapageuses des attractions

foraines exaltaient le couchant de couleurs saturées ● ● ●

Au flanc d'une colline serpentait un dédale de rues au nom de métiers ● les beautés dont les

hommes sont capables, s'étaient affranchies du bleu des beaux jours ● il s'attarda dans celles

des dinandiers et des orfèvres ● en devanture des échoppes, le métal repoussé convoquait des

formes de papillons ou d'arbres de vie ● l'un choisit un bijou à crocheter les jours ● ● ●

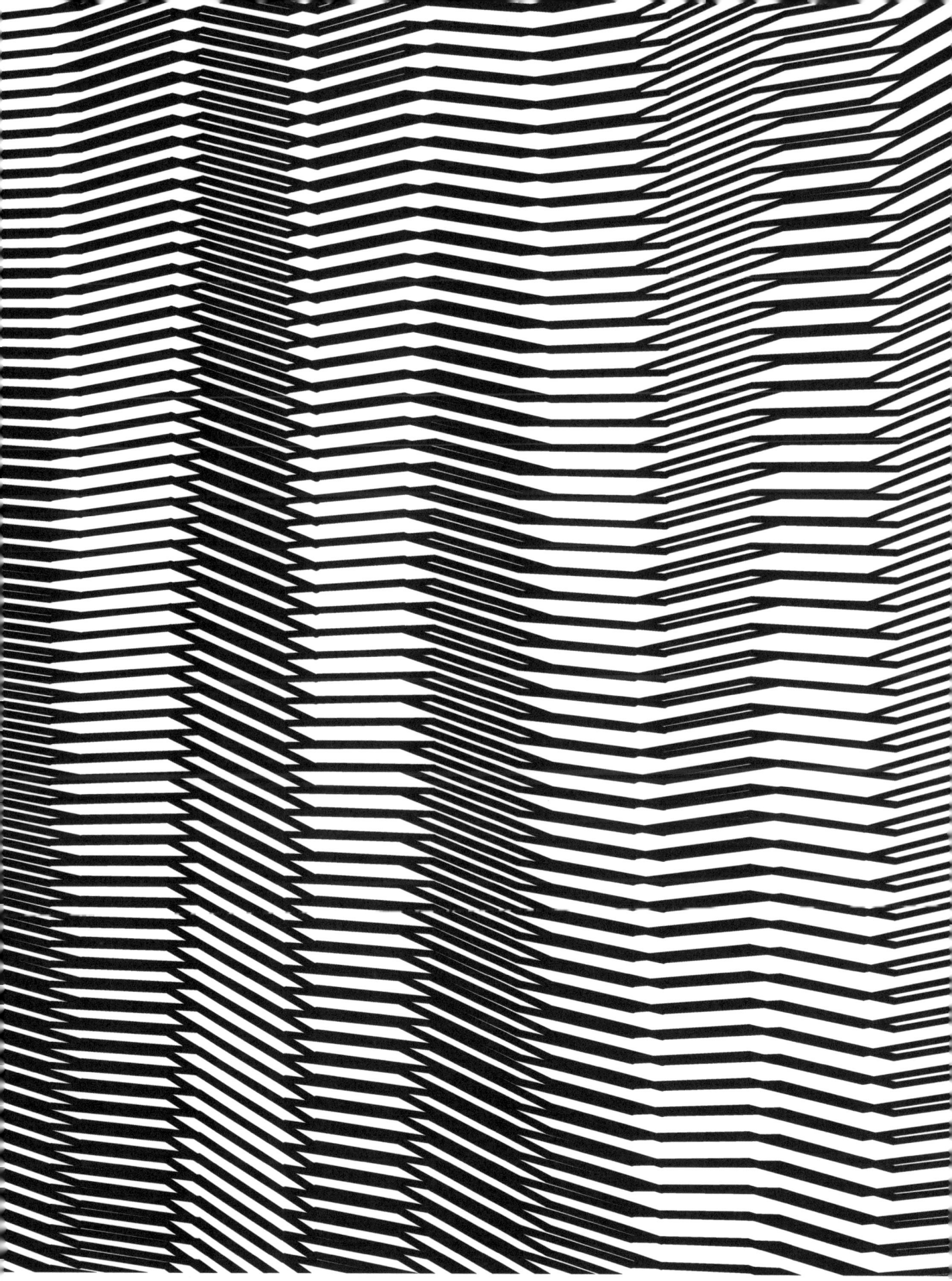

49

De l'à vif des espaces intriqués, il dénoua le maillegwal serti de l'émail nacré des paysages

d'à côté et autres en deçà ● l'une s'en saisit et le coucha dans un berceau d'éternité ● l'un

lissa l'écran transparent du linceul sur l'étoffe du temps ● ● ●

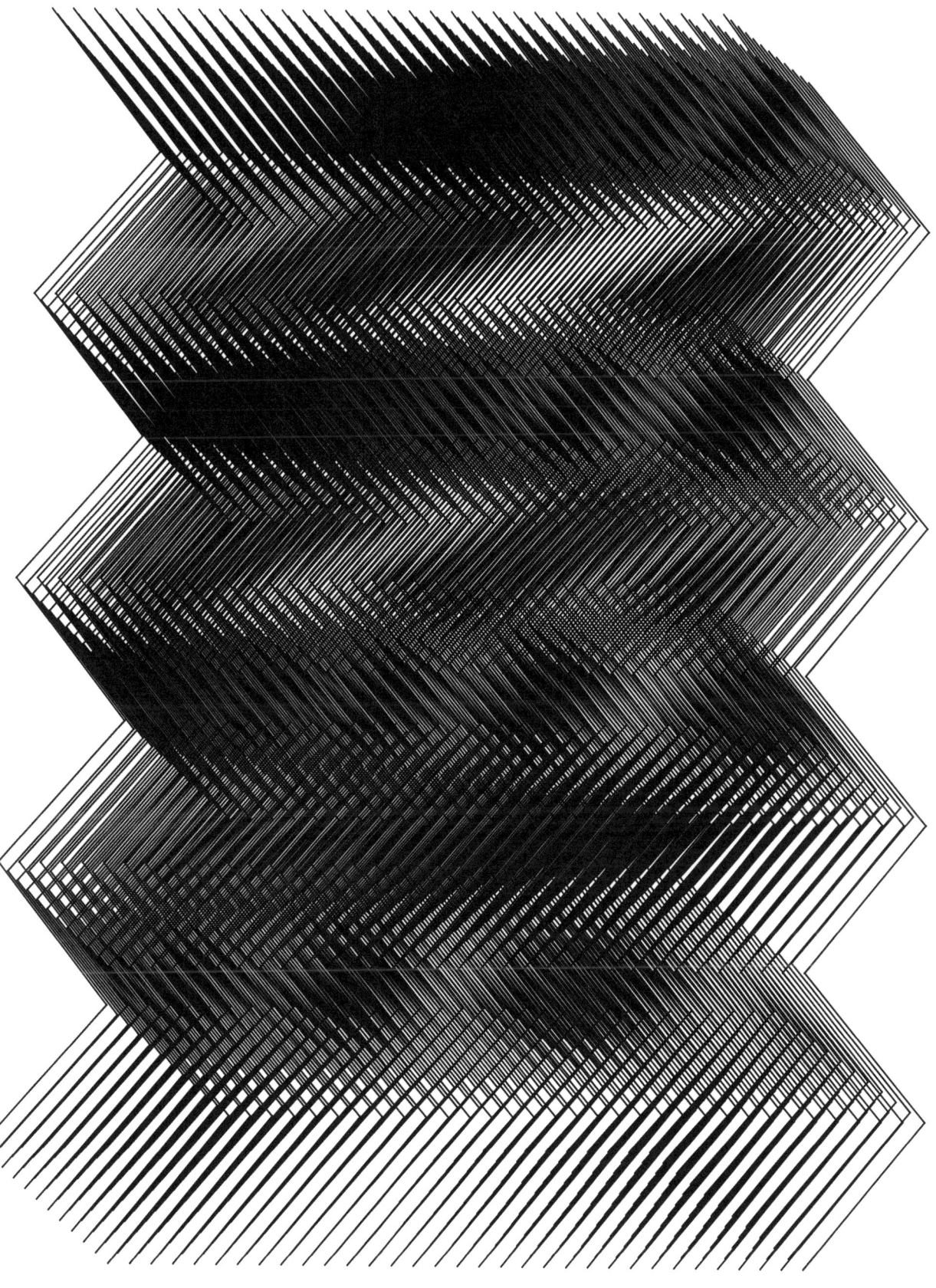

Des matières grises et souples, s'échappent murmures et pas d'à côté.

Celles des surfaces incisées en noir et blanc sur les pages choisies comme lit d'un torrent.

Les souvenirs voilés dessinent 49 textes propices à l'éclosion d'irréelles images.

Marc Thébault met en ligne les mots, dont Rudi Meyer rehausse les tons en une moisson

de traits. Bruissements, crissements, tintinnabulements s'érigent en possibilités

d'ornements et délivrent d'insoupçonnables reflets à tout ce qui s'y cache.

Ce qui n'est que sentiment devient formes et chants à redéposer en silence au plat

du papier où s'allongent les phrases, où s'étirent les plis. Au cours de ces promenades

fictionnelles dans les ailleurs de l'âme, se dispersent les encres à défroisser le temps.

Marc Thébault (Saint-Brieuc 1957)

À la suite de ses études à l'Uer des Arts de l'Université de Haute-Bretagne-Rennes2, il a été admis à la Jan Van Eyck Akademie de Maastricht aux Pays-Bas (1985-1987). Première exposition personnelle à la Städtische Galerie de Nordhorn (Allemagne) en 1991. Artiste, curieux des formes et expressions expérimentales, il conçoit son travail de sculpture comme une possibilité de suggérer un espace par un objet. Ce désir de vouloir traduire la puissance expressive d'un environnement naturel, culturel ou domestique, s'exprime notamment par l'attention portée aux relations entre ombres et lumières, transparences et reflets, matières et matériaux. S'y attachent des productions graphiques – lithographie, typographie, photographie – et écrits poétiques (Des mots de passe en proche). Associé à Carole Ecoffet sous le label ∂cm, ils développent ensemble des projets artistiques en lien avec les sciences contemporaines: publication en 2011 d' «Albus, Alba, Album» (les éditions de l'Archipel, Mulhouse). Nouvelle édition 2019, «The Onslaught Press», Dundee, UK. Professeur des ENSA, il enseigne à l'École nationale supérieure des Arts Décoratifs de Paris dans le département Art-Espace depuis 2003.

Rudi Meyer (Bâle 1943)

Elève d'Armin Hofmann et d'Emil Ruder (1959-1963) à la Allgemeine Gewerbeschule (Ags) de Bâle, il est diplômé d'état en 1963. Il s'installe à Paris en 1964. Son activité professionnelle couvre les multiples pratiques du design et de la communication visuelle: signalétique et cartographie, architecture intérieure et scénographie d'exposition, identité visuelle et édition, affiches et logotypes, photographie et typographie, design de produit. Il enseigne à l'Atelier national de création typographique (directeur de recherches de 1990 à 1996) et à l'École nationale supérieure des Arts Décoratifs à Paris de 1967 à 2005. En 1976 il obtient le Design Award «IF, International Forum Design» à Hannovre pour ses montres Lip et un Award du Type Directors Club à New York en 2005. Ses affiches figurent notamment dans la Merril C. Berman Collection à New York, au Deutsches Plakat Museum à Essen et au Museum für Gestaltung de Zurich. En 2009, la Bibliothèque nationale de France intègre dans ses collections 92 de ses affiches et plus de 200 productions éditoriales. Membre de l'Alliance graphique internationale (AGI), ses travaux sont publiés dans de nombreux pays.

ISBN 978-1-912111-91-6

www.ingramcontent.com/pod-product-compliance
Lightning Source LLC
Chambersburg PA
CBHW040323190526
45162CB00007B/60

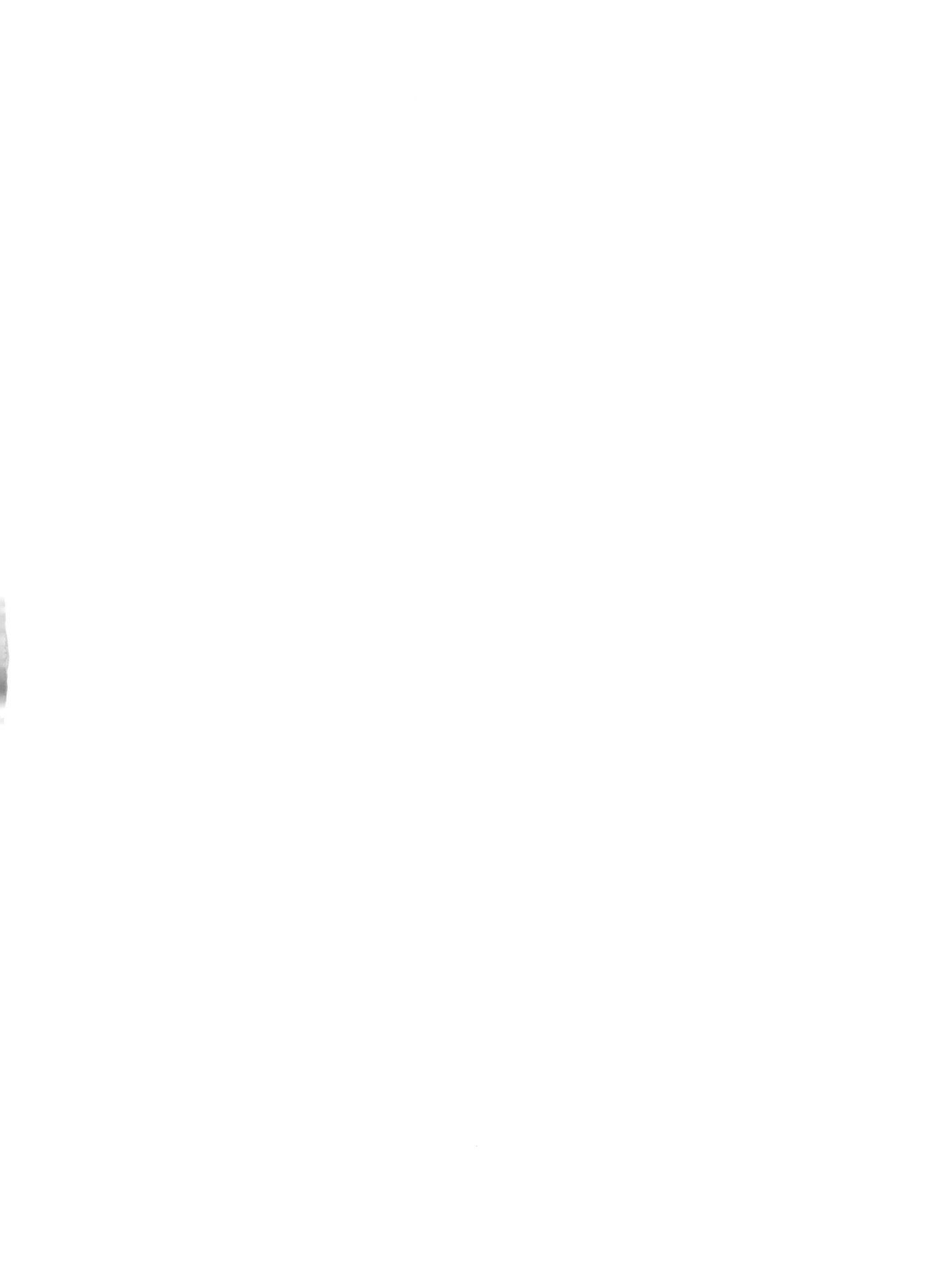